人人都需要的

销售演讲力

开口值千金，一人顶百人

周宇霖 著

台海出版社

图书在版编目（CIP）数据

人人都需要的销售演讲力 / 周宇霖著 . -- 北京：台海出版社，2024.9. -- ISBN 978-7-5168-3983-6

Ⅰ . F713.3；H019

中国国家版本馆 CIP 数据核字第 2024BH8639 号

人人都需要的销售演讲力

著　　　者：	周宇霖
责任编辑：	俞滟荣

出版发行：台海出版社
地　　　址：北京市东城区景山东街20号　邮政编码：100009
电　　　话：010-64041652（发行，邮购）
传　　　真：010-84045799（总编室）
网　　　址：www.taimeng.org.cn/thcbs/default.htm
E － mail：thcbs@126.com

经　　　销：全国各地新华书店
印　　　刷：三河市中晟雅豪印务有限公司
本书如有破损、缺页、装订错误，请与本社联系调换。

开　　本：	700毫米×980毫米		1/16
字　　数：	239千字	印　张：	19.25
版　　次：	2024年9月第1版	印　次：	2024年9月第1次印刷
书　　号：	ISBN 978-7-5168-3983-6		

定　　价：59.80元

版权所有　翻印必究

推荐序一

时代巨轮滚滚向前，把握时代赋予的新机会，是每一位创业者都要思考并关注的重要事情。尽管每个时代都会造就符合时代需求的企业家，以及顺应潮流的个体，但更为关键的是，如何识别未来机会并就此提前储备个人能力。

数智时代，除了需要科技，更需要个人身兼各种能力。随着时代的演进，个人应该具备的核心能力是什么，此本书已经给出了回答——人人都需要销售演讲力！

初识年轻帅气的天禹数智营销创始人周宇霖，他凭借十余年实战经验所提炼出的新书《人人都需要的销售演讲力》让我印象非常深刻，销售演讲力对于现在以及未来的创业者及各层级的工作者而言，都是一种必备的能力。

我创立分众传媒公司虽也几经波折，但因我识别出未来品牌的流量入口，预见基于人群聚集地的楼宇和社区将成为媒体接触的首选并提前布局。如今，分众传媒已成为线下媒体触达的第一入口，在中国乃至全球的众多国家，分众传媒都进行了布局安排。如今看来，如果当初我没有发现这个机会，也不会有今天的分众传媒。这也正印证了，尽早识别并掌握未来所需要的能力，这是每一位精英所必须学习的。《人人都需要的销售演讲力》正是为时代精英指出了提升的方向。不管是在工作中与领导沟通，与同事交流，还是对外合作，还是在生活中的各个场景，演讲力都不可或缺，是产生工作成果以及合作的基础。

《人人都需要的销售演讲力》这本书，给那些想成为商业精英的人、创业者以及公司的销售提供了一套完整的体系，对于成功完成销售演讲、取得成果具有极大的指导意义。书中详细阐述了各种销讲的方法，开篇式、破冰式、论证式，等等，看后会让你备受启发。

未来每一个人都有机会成为超级个体，随着时代的进步，组织化与品牌时代来临，个人需要将自己的知识和能力产品化，销售演讲能力因此将成为一项基本技能。每个人都是一个整合资源的平台，每一个人也都是一个创新的个体，与外界互动与链接，销售演讲能力就是标配。我强烈推荐《人人都需要的销售演讲力》给所有创业者、企业家以及销售人员等，它是那些渴望成为商业精英的人士的必备读物。

分众传媒 董事长

2024年8月于上海

推荐序二

在这个快速变迁的时代，放眼全球，我们不禁思考东西方文明在未来的融合之道，以及我们将如何携手共建赖以生存的地球家园？

人类历经万年，却似乎仍未完全领悟一个简单而深刻的道理：人生短暂不过百年，而子孙后代绵延不绝，环境是每一个地球人都要尽力呵护的，只有当我们认识到，利益他人、利益社会，才能构建一个命运共同体！天下兴亡，匹夫有责！缘何有这些思考呢？因为认识了周宇霖总经理之后，我一直在观察并思考他创业的动力在哪里？他所坚持的事业的意义是什么？

周总是一位充满活力的年轻企业家，不断突破自我，是学习和创新的模范。他从一个出色的讲师成长为一名卓越的创业者、企业家，个人的成长历程就是完成自我超越的实证，他总跟我聊到，如何能帮助到更多的创业者、企业家甚至普通人。我认为他的新书给出了答案！在当今这个快节奏的时代，浮躁的世界，其实每个人都在追逐成就，希望通过成就来获得幸福，但我们都是平凡的人，幸福不是要向外求索，而是要相信自己有获得幸福的能力。

《人人都需要的销售演讲力》可以让大家获得这种能力——赢得未来沟通的基本能力！本书由周总本人多年的经历积淀而成，值得每一个想要有所作为的人深入学习。它为商业精英、创业者、企业家，甚至每一个普通工作者提供了学习自我销售、实现自我价值的工具，让大家学会如何从自我的认知，逻辑体系以及做事的方法论等方面更新自己！

在过去，有很多人享受到了时代红利，而当今是否还有别的红利呢？我通过《人人都需要的销售演讲力》看见一个巨大的红利，就是不断提升突破自己，让自己具备重新创造价值的能力，从而能够在数智化的时代抢占先机！

我作为企业战略顾问，曾辅导过飞鹤、雅迪、波司登、唯品会、简一等众多品牌，每次看见自己辅导过的企业能够崛起，企业里的普通员工能有所提升与收获，我都感到由衷的自豪，内心充满了幸福感。我相信，周总在撰写这本书时，也同样有此感！

我创立赢政通之初就在思考，企业该如何适应这个充分残酷无情竞争的时代？我能为企业做些什么？周总在创立天禹数智营销公司时也抱着一个同样的理想——给企业家创业提供一套完整的战略、运营及营销体系，让更多的企业生存不再那么艰难。时代造就英雄，创新的践行者只要心怀利他，便能借用企业造福更多顾客，更多伙伴，更多众生！此为人生幸福、价值与意义所在！

以此为序！

赢政通 董事长
新一代企业战略赋能专家
2024年8月于上海

什么事情都不可能
一蹴而就，
只要想学就一定能学会，
只不过是时间长短的
问题而已。

自序

33岁，
一支麦克风，
卖遍大江南北

大家好！我是周宇霖，一个90后的创业者。

先向大家简单介绍我30岁前的经历。在营销和管理赋能板块，我取得的成绩，可圈可点。

22岁进入教培领域。从一个底层业务员，到总部招商部基层员工，每一个脚印，都是狠磨基本功，实打实累积起来的。

23岁，成为总部市场部负责人。从0到1，完成一个品牌的渠道建设；从0到1，拉起一支让对手闻风丧胆的业务铁军。

24岁，我已经年薪百万元。

25岁，向世界500强企业分享股权激励与营销建设，全年80场演讲；足迹遍布中国100个城市，甚至走出国门，在马来西亚、新加坡等地给海外华侨分享中国商学。

26岁，操盘整个集团的营销体系，成为集团第二大股东，一个人拿着一支麦克风，就靠着演讲，单凭个人为集团创收1.4亿元。

27岁，把多年营销系统建设经验梳理成体系，为公司开发新的课程和咨询产品，这也变成了公司的第二增长曲线。

28岁，事业最高峰，只花了1年，营销单品1年营收破亿，公司营收6.7亿元。

自序　33 岁，一支麦克风，卖遍大江南北

很多企业家跟我深入交流后，都惊讶于我顶着一张娃娃脸，对营销、产品和管理的理解，竟能如此具有实战和落地的战略眼光，远远超出那些"理论派"的培训老师！其实这都源于我这 8 年的经历……

我不仅在公司的营销体系上取得了成果，在研发新产品上取得了结果，在"带兵打仗"——带领团队上也同样取得了成果……我靠着一支麦克风卖货的能力，千人演讲，场场皆爆，"群众基础"非常牢固，粉丝遍布大江南北。我带出 30 个销讲高手，全国有市场。

从基层销售到日收千万

在过去的 30 年里，我的人生发展走势就是一条"U"形的曲线。我生在潮汕的一个富裕之家，原本应该拥有不愁吃穿、无忧无虑的童年生活。然而在我 12 岁时，父亲患肝癌去世了。失去至亲的痛苦、治病留下的百万负债、3 个孩子读书和生活的费用，都压在了母亲一个人身上。我的人生一下子跌入谷底。

我已经记不清，母亲到底吃了多少苦，又是如何把我们拉扯大的。只能羞愧地想起，姐姐早早辍学，曾被视为"全家希望"的我，高考 750 分的总成绩，只考了 398 分，勉强过了大专录取线。看着眼前日益消瘦的母亲，我万分心疼，暗地里咬紧牙关——我一定要活出人样来。我要自己赚钱，交学费。

潮汕人骨子里的经商基因，加上 18 岁少年觉醒后的拼劲，在我的人生中慢慢发生"化学反应"：情人节，我去情人坡卖花；30 摄氏度的夏天我拉着泡沫箱，去篮球场卖冰镇饮料；新生开学季，我逮住师

弟师妹，卖入学用品、英语四级考试的听力耳机……虽然都是草台班子的创业，但面对形形色色的人，我练就了"敢说话，能吃苦，做事狠"的性格。

22岁，我正式进入一家企业工作，因为能吃苦、能加班，我很快在渠道岗位做得风生水起。但我也很迷茫，我知道，即使再兢兢业业，可面对百万负债，一两万元的月薪依然只是杯水车薪。我，周宇霖，如何能让母亲过上好日子？

在一次团建酒局上，我得知，集团有个岗位，一年能赚成百上千万元，上不封顶。而且地位相当高，公司老总都得供着。这个岗位就是销讲，专门从事会销工作，去陌生城市，面对众多客户，把课程讲完，再手起刀落把现金收回来。别说一个月挣3万元、5万元，一天收入10万元到20万元都不是难事。这不就是我一直期待的工作吗？于是，我决定尝试销讲。

就在我幻想着凭借自己的创业经验和利落的嘴皮子稳稳年入百万时，却被现实狠狠打脸——第一次试讲后，我就被雪藏了。哪怕我一天上课8小时，哪怕老板掌声不断，也无人愿意为我要冒烟的嗓子买单。我卖力地上课，结果却出现了占着资源收不到钱，合作伙伴出不了业绩的局面。

我真的要感谢当时的领导，他不仅没有埋怨我，还对我讲了一段肺腑之言。正是他的这段话，才改变了我的命运，他说："销讲，是通过演讲和会销的形式，一对多地把产品卖出去。你口才好，但不能卖货，努力10年也没用。与其自己瞎琢磨，不如去和有结果的人学习。如果你想当讲师，就得省吃俭用去报课学习。宇霖，你必须去学销讲！"

自序　33岁，一支麦克风，卖遍大江南北

对老板来说，三五万元用来学习，不过是花些零用钱，而对我这个家里负债百万的打工人来说，花这么多钱去报班学习简直就是疯了。但换个角度想想，你不愿为脑袋花钱，也就放弃了用脑袋赚钱的机会。放弃报班学习，看似省了好几万元，实际上却意味着你人生的财富格局已经被定型。

每一个不曾起舞的日子，都是对生命的辜负。在省钱学习的那段日子里，每当遇到心动但买不起的课程，我就申请当助教，一个本子，一支笔，一个标点符号都不差地抄录老师的课件。我白天工作，晚上研究成功的销讲案例。上百个商业培训场、品牌招商场、会销卖货场，都被我一一拆解吃透，找出它们的共性逻辑，最终总结出了"销讲六段式"。

学成归来，我自认为可以给老板和企业创造价值了，但鉴于过往的"拉胯"成绩，我只能从没人要的"烂场"二次出道。这里解释下，什么是"烂场"？主办方通常是随时可能倒闭的培训公司，到场人数一只手就能数完，而且几乎是很难实现当场下单的非潜在客户。结果往往是，分享一天，最后0出单。

当所有人都不看好你时，往往是你走向成功的开始。接下来，我用自己反复打磨了300多天的销讲课件，拿到了成交率破60%的好成绩——3人活动成交2人，10人活动成交7人，高出集团销冠两倍有余。

公司所有人都目瞪口呆，很快就给我安排了50人的场，我不负众望，一举拿下40万元营收。接着又给我安排了100人的场，我成功签单100万元。是的，坐了3年冷板凳，周宇霖终于爆发了！从海南到哈尔滨，从福建到新疆，从国内到马来西亚，我拿着一支麦克风，给公司

创造了 1.4 亿元的回款。

也就是从那一天起,我发现了一个商业现实——**你不是没有流量,而是缺乏把流量变现的能力。只要你变现能力强,有流量的人会排着队找你合作。**

让营收从 0 到 10 亿的销售演讲力

当时我主讲股权激励,学员都是资产 2000 万元以上的老板。其中不少人对我的销讲能力欣赏有加,愿意开出每天 20 万元的价格,给他们做内训。

在那之后,我开始帮品牌方老板、实体工厂老板做线下会销和招商会,效果出奇地好。

广西品泽酒吧的老板曾泽,当年创业失败,就是用我的方法,融资重启第一家店。目前已经拥有 16 家门店,成为地方头部。

温州博世电器负责人郑建余,用我的方法,在一场订货会将 1200 万元收入囊中,拿下片区的半数订单。

蔓奇拉红酒创始人张俊兰,之前一对一卖红酒,每年忙到没时间休息,1 年营收也就几千万元。后来,我教她用会销模型,年营收干到 1.8 亿元。

这下,我更火了。全国各地的品牌代表、老板,还有传统线下的 IP 讲师纷纷登门请教。2018 年 6 月,我开始了第一期"总裁演销兵

自序　33 岁，一支麦克风，卖遍大江南北

法"，助力传统企业，从一对一低效的销售，转向一对多高效的会销。一套从没讲过的课件，纯粹就是把多年的销讲方法和实操经验做成总结分享，会务还是十几位身家千万的老板协助完成的。没想到，课程爆了，200 个会员纷纷转介绍，现场几十个老板追着，希望找我定制咨询服务。

第一期课程结束不到 72 小时，学员群里传来了此起彼伏的"喜报"：

广州富万代，用"黄金八问法"，拿下了 3 个月没拿下的 18 万元的订单；

深圳美轩月饼，用"故事演绎法"，一场活动卖了 300 万元的月饼；

河南德行天下，用"舞台感召法"，现场卖课成交额翻了 6 倍；

贵州 90 后姑娘罗许薇，回大学招员工，90 分钟让 160 人报名面试……

于是我趁热打铁，38 万元的陪跑业务，也在筹备半年后上线，成为"首年破亿"的爆品。

众多的知识付费 IP，也在将我的销讲落地后，实现集中式的业绩突破，甚至成为行业现象级的事件：

全网千万粉丝博主大蓝，单场 1000 万元；

私域发售头部肖厂长，单场 1800 万元；

对赌出海第一人笛子，单场 400 万元；

亿万操盘手格掌门，单场 300 万元；

清华大学百万粉丝博主陈晶，单场 150 万元；

......

全国上万名企业家尊称我一声"周老师"。我的目的就是让企业家都具备一种能力：**一对多舞台招商会销能力**。这种能力让他们一场活动完成过去一个月，乃至一年的业绩。

如果你要问我，周宇霖最大的标签是什么？可以说，30 岁前的我，绝对是招商会销的代表性人物。

而今天，我把我获得行业公认最强的"会销"与"销讲"能力——原本只有我付费 5 位数的学员才能听得到的线下课程，出版成书，正式公开。要知道，这个能力，让我一年突破一个"小目标"；这个能力，让我 28 岁，玩出了一个赛道的冠军企业。

我把这种能力向更多人公布的时候，一定会遭受众多陌生人的攻击与批判！因为这世界存在很多"莫须有"的偏见，特别是对"销讲"和"会销"。99% 的人经历的会销，都是 1.0 时代的"糟粕"：打了鸡血的成功学大师，嘈杂的音乐，手舞足蹈的助教，一套套洗脑的话术……难免让大众误解，认为销讲就是骗术。

我不愿看见真正有效的销讲被埋没——"逻辑性销讲"，成为无数创业的朋友追寻一辈子，却始终无法触达的"真经"。

何为"逻辑性销讲"？你一定知道，乔布斯、马云、雷军都是科技行业的"灵魂人物"。但你可能不知道，他们个个都是巅峰的销讲专家。乔布斯的一句"one more thing"，就能让苹果新品全球脱销。

再向大家透露一个内部数据，最近请我做内训的，90% 都是上市公司和知名企业。这些企业的老板都意识到，不会一对多变现，流量就是

自序　33岁，一支麦克风，卖遍大江南北

浪费。

不懂销讲的企业，只能依靠堆时间，一对一签单；懂销讲的企业，线上直播和线下会销，一次搞定一对百、一对千成单。

不懂销讲的IP，卖着每小时1万元的咨询，还沾沾自喜，以为高收入。殊不知，懂销讲的IP（大蓝、天禹、肖厂长等），一次线下就是500万+的营收。

不懂销讲的品牌，亲自找一家家代理商老板谈，全国奔波找客户。懂销讲的品牌（依诺瓷砖、蔓奇拉红酒等），一场直播就能邀约全国有意向的加盟商，一场会销就能做到千万元、上亿元的加盟和订货。

全行业"内卷"的时代，销讲2.0必将成为企业的制胜关键。各位品牌代表、老板、创始人、IP，特别是那些今年想十倍、百倍提升收入的，认真看完这本书，一定会大有收获。

这两年，我看见很多擅长销讲的老板，每一分钟都和收款挂钩，都在高调发财，每一场活动，都在累积势能，沉淀流量，他们市场的规模越做越大。相信你一定发现了，我一直都在强调"老板"。为什么？因为员工职能是卖货，学会了，顶破天也只是成交翻几倍。**而老板学会销讲，则会直接撬动3个"商业杠杆"，足以支撑业绩翻上50倍，甚至100倍。**

但是我也看见，很多IP和老板虽然意识到了销讲的重要性，但学了成功学的销讲方式，嘈杂的音乐，夸张的肢体动作，乱七八糟的煽情，让自己人设尽毁。学错了方法，一切白费。真正的销讲，是心理学，是逻辑学，更是销售学。是把产品讲清楚，让客户理性地做决策的学问。我认为我有必要帮助行业人士重建认知。

这里附上我的个人微信号，我会在朋友圈不定期更新自己关于销讲的理解和最新的行业打法。作为本书的作者，我与你通过文字相识，便是一种缘分。

接下来，我会把过去13年积累的教学经验和精华，帮几千家企业做会销、招商和融资的底层逻辑，全部分享给你。

目 录

CONTENTS

PART 1
每个商业精英都是销讲高手

学会销售演讲,收入翻10倍 - 002

千万级销讲能力的培养路径 - 011

千万级销讲收现的潜力测试 - 020

PART 2
策划千万级销讲

产品策划,给客户非买不可的理由 - 039

活动策划,让客户沉浸且自动买单 - 046

销讲策划,销讲六段式,收心收钱 - 062

PART 3

开篇式：
开口就起势，开口收人心

1 分钟自我介绍，极速出圈 —073
5 分钟开篇演讲，成为焦点 —082
20 分钟创业体，立住人设 —090

PART 4

破冰式：
开场破观念，开口即王者

3 套破冰方法，专业升维定地位 —103
逻辑分析法：砍掉 70% 废话，言简意赅才有重点 —109
观念破碎法：观点标新立异，强占听众认知 —118

PART 5

论证式：
学会讲故事，成交高效率

讲一个让客户自行成交的故事 - 128
设一个让客户一见倾心的标题 - 135
让案例100%真实的场景设计 - 140
立好价格，破除客户的抗拒心 - 146
给客户一个愿意买单的解决方案 - 153
留个伏笔让准客户主动签单 - 157

PART 6

收心式：
背书换信赖，使命加势能

内容收心，如何获得客户信赖 - 169
平台收心，如何打造立体背书 - 179
使命收心，直击灵魂深度感召 - 190

PART 7

促单式：
定价定江山，定价即收心

市场价，10倍拉升产品价值的设计 - 201

优惠价，客户被成交还很爽的设计 - 211

完款价，客户现场刷卡签单的设计 - 216

PART 8

收钱式：
批量收现法，成交有策略

舞台感召法：1对2000人，批发式成交 - 222

答疑解析法：1对100人，精准升单成交 - 228

黄金八问法：一对一，10分钟极速签单 - 234

PART 9
用销讲思维，拿下每一笔"人生订单"

面试用销讲，开口公司任你选 - 244
晋升用销讲，每年高升不是梦 - 253
培训用销讲，全员加班把活干 - 259
吃饭用销讲，"喝酒唠嗑"把单收 - 264
直播用销讲，线上变现是王者 - 268

写在最后

每个人都需要一场精彩的销讲

每个人都是一款产品 - 277
展望销讲未来 - 279

PART 1

每个商业精英

都是销讲高手

学会销售演讲，
收入翻 10 倍

大家好！我是周宇霖，一个 90 后创业者。从 21 岁出道，至今 33 岁。13 年时间里，我被人贴了太多标签。但有一个标签，对我的事业和财富影响至关重要。甚至可以说，我后来的标签，都是从这个标签衍生出来的。

什么标签？销讲天王。很多人看到"销讲"这个词，可能觉得无法理解。那你听过"销售"吗？销售就是一对一找人卖货的行为。例如，街上拿着擦鞋膏卖给路人；中介公司带客户去看房，认真推销房子的场景，这些都是销售。

那你听说过"演讲"吗？就是一个人拿着一支麦克风，站在舞台上，面对几十人、几百人，甚至成千上万人发表讲话，从而快速建立起自己的公众形象。例如，大学校长在开学典礼上发表的讲话，候选人在选举拉选票时发表的讲话，这些就是演讲。

PART 1　每个商业精英都是销讲高手

那"销讲"是什么？**销讲就是演讲和销售的结合体**，用一对多演讲的能力开展销售，从而达成一对多的批发式成交。其实，大部分人都见识过销讲的场景，甚至还在销讲中下过单。

别着急否认。

你有没有见过，当年移动和联通搭的简易舞台下人潮涌动？他们播放着动感的音乐，然后给驻足的路人发小礼品，当人群聚集足够多的时候，一个讲师健步走上舞台，声情并茂地演讲，一通慷慨陈词，引得掌声频频。几分钟内，原本只是路过的人停下来，领了把雨伞、一个购物袋，结果充了2000元话费，得到了一部新手机。整场活动不到1小时，运营商收入七八万元。

你有没有见过，当年身边的亲戚朋友、同学同事突然在广东惠州和山东威海买了套海景房？有段时间，地产商们热衷于修建海景房，但以传统的销售方式——中介蹲在售楼部卖房——压根儿卖不动。于是，就有了会销体系。旅行社把人带去海边吹吹海风，让你面朝大海，感受春暖花开。下一站去售楼中心，喝茶、喝咖啡，吃些小点心，然后一位美女或者帅哥登台，随之映入眼帘的是华丽高级的PPT，耳边萦绕着磁性的嗓音，把为什么要买海景房的故事一顿输出。45分钟讲完，来旅游的人，都忍不住纷纷跑去抢房号，生怕此次错过，就丢了此生最理想的海景家园。再看售楼部，咔，3000万元，到账！

以上种种情境，我相信大家都不陌生。当然，也有不良商家为了牟取私利，在只学习了销讲的皮毛之后，就开始"割韭菜"，甚至做出不法勾当，对于这种行为我们耻于与其为伍。我在这本书里想和大家探讨的，是如何用科学合法的销售方法高效地拿下订单。

为何你做销售，总是一件货品一件货品地去卖，每次只能赚取微薄的差价；而有些人，只靠一支麦克风、一场演讲、一个小时，最后全场成交额是你辛辛苦苦一周、一个月成交额的 10 倍、100 倍、1000 倍？

为何有的品牌方找代理商，总要一家家去谈，一年加盟店就十几、二十家；而有的品牌方，一场会议、一个活动，直接收两三百个加盟商，商业版图瞬间铺开？

不用怀疑，因为他们都具备一种能力：销售演讲力，也叫销讲能力！

销讲，是销售金字塔中最高层次的方法。演讲的价值，以掌声验证；销讲的价值，以现金回款验证！

而我，就是因为在 25 岁的时候掌握了销讲能力，从而帮助众多品牌开招商会、卖货会，单场活动成交千万元，甚至破亿而成名。这个能力，让我成了很多企业老总的座上宾，但也让一些对销讲领域不熟悉的人，对我产生了误解。

为什么一提到销讲，有些人总会谈虎色变，甚至退避三舍？

为什么一提到销讲，你的脑海中总浮现出传销、洗脑、成功学这样的词？

其实，销讲是一门非常重要的学科。我相信很多学过销售、营销的朋友，应该深有体会。

销售、营销和销讲之间，究竟有什么区别和联系呢？

销售，是解决"卖好"的问题，卖的是既定的产品；

营销，是研究如何让产品好卖，把一个非具象的产品变得具象；
销讲，则是销售和营销的整体放大术。

打个比方，假设我的角色是"媒婆"，一个女孩子找到我，让我介绍一个对象，我从符合条件的男孩子中，挑选一个合适的，给他们牵线搭桥就行了。**这个过程就是销售，即把产品介绍给有需求的客户。**

如果我的角色是"整形医生"，一个女孩子找到我，让我帮她整一个百亿富豪喜欢的外形，以便嫁给对方。那么，我会先去了解百亿富豪的需求。比如，他喜欢什么样的女孩？喜欢什么样的体形？

掌握了富豪的需求，我再对那个女孩子的外形进行相应的修整，并且调整她的性格。

之后，我会把女孩子带到富豪面前，对他说：

"这就是你梦寐以求的女孩，我给你找到了。"

这个过程，就是做营销，重点考虑的是，如何通过恰当的策略，让产品更好地卖出去。

至于销讲，在普通人看来，它可能是类似于高级媒婆的能力。但实际上，真正的销讲高手，是超级媒婆加整形医生。他们真正了解产品在销售落地中存在的问题，能反过头来做产品的整体策划。

也就是说，**销讲兼具策划和落地的属性**，客户也是看到了我们既有"高级媒婆"的能力，又有"整形医生"的能力，才来找我们合作。

销讲，是离钱最近的工具

销讲的本质，其实是一对多的批发式成交。其优点在于，能让会场中的客户在短时间内对我们产生强烈的信赖感。

在我近10年的销讲教学经历中，有一些极为深刻的感受：

大型公司的老板，更青睐销讲这种模式，因为他们一路走来，已经见识过很多销售模式，如广告营销、品牌营销、线下会销、招商会等。他们摸索过，也走过这些路，知道销讲的真正价值。

小老板、个体户，对销讲的接受度则相对低一些。他们的注意力，更多地放在开门店、租店面、做生意上，几乎没研究过销售模型。他们的特点是，一旦进入人很多的场合，就心生恐惧，不敢和陌生人打交道，也不敢主动推销产品。

介于大型公司老板和个体户之间的中小企业老板，他们对销讲的误解可能会相对深一些。主要原因是，公司没有这类人才，自己的见识面也不够，压根儿没法分析什么是先进的营销理念。

在他们的认知中，销讲就是准备一间会议室，把客户邀请进来，一个穿着西装革履的老师上台做销售。最常见的，就是各大培训课堂。讲商业模式的，讲股权的，讲成功学的，讲管理的，当然，也包括我，讲营销的。咱们上台给客户"露两手"，分享几个知识点，打破客户的认知后，想要深入学习，就得交钱。一堂课下来，几百上千万元就到账了。

但这几年，太多没有真本事的老师，都被贴上了"成功学"的标

PART 1　每个商业精英都是销讲高手

签；每个会一对多卖货的人，都被贴上了"传销大王"的标签。更有甚者，还把会销当成不合法的销售模式。

总之，就是把销讲和会销做成很低级的活动，至于高端产品、高端活动，看不到也摸不着。

看到这里，你可能要问：高端的销讲到底是什么样？

举例来说，雷军的营销，高级不高级？他卖小米 SU7 的方法，就是会销。一场发布会，各大媒体转播，雷军用他娓娓道来的表达方式，把产品卖点讲清楚。一个价格政策组合，8 万辆车卖出去了！这就是销讲和会销。

再来看看华为，它的每个产品是在门店一对一地慢慢销售，还是直接开发布会？没错，答案是开发布会！高级舞台、高级音响、高级代言人，各个项目部的老总上台讲解产品，然后电商平台产品页一投屏，以亿为单位的现金就进来了。这就是销讲和会销。

香奈儿和爱马仕，每年都会开品鉴会。品牌方把高端会员邀请过来，邀请模特走秀，公司商务代表讲解新品，一顿输出，单场破亿。这就是销讲和会销。

只是，有钱的品牌，把调性搞得很高级，让你的体验很舒服，从而用情绪和氛围让你服服帖帖地买单。没钱的品牌，就简单租个会场，讲师上台拿着 PPT 一顿卖，也能成交，但却是调性不太够。

作为老板和销售人才，一定要多去了解你的同行，看看他们的营销模型，看看同行为何经常办活动、做推广。慢慢地，你就能理解销讲和会销的逻辑了。可以说，各行业的头部企业，对于销讲和会销，那是玩得一个字：溜。而不懂的人，用着最传统、最没效率的一对一销售，很可能都快把公司干黄了，还自我感觉良好。

我一直坚信，销讲本身并没有好与坏，带来差别的，只是销讲者的本心而已。

你把销讲和会销，这么强大的销售体系，拿去卖"三无"产品，并且虚假承诺，扩大效果，用欺骗的手段去卖产品，那销讲这门学科就成了骗术。如果你的产品本身有卖点，你客观地表达产品的差异化，并且还能拿出一系列公开可查询的数据论证产品的竞争力，这时候，你的销讲，就是"超级放大器"，让好产品更快占领市场，让糟糕的产品无路可走，这不就是"良币驱逐劣币"吗？

我学的是正统的管理学，异常反感成功学那一套不符合客观事实、纯粹洗脑的卖货方式。我们特别注重还原产品的优点。我们定义的销讲，是真实呈现产品和公司的方式，每个环节都会溯源来龙去脉，像产品起源、公司创立等。销讲是放大器，核心得回到产品！造好品，再去卖好品，是我们坚持的理念。

至于如何造好品，我之后会推出另外一本书，把我如何服务上千家企业、如何造出爆品、如何设计畅销产品的方法论，与大家分享。本次，我们聚焦在"如何卖好品"上。

销讲，是收钱最快的方法

在我的理解中，"销讲"这两个字，可以拆分成"销售＋演讲"，简单解读，就是演讲式销售。这个理解，是我在长期磨砺中产生的。

PART 1　每个商业精英都是销讲高手

大学期间，我就参加了各种演讲比赛，几乎每次都能拿冠军。这些比赛，给我带来的是掌声，别人对我的认可，以及几个女生对我的青睐，跟赚钱几乎没有关系。

2012—2015 年，我在做一对一的销售工作，对这种销售模式的弊端深有体会。它对时间和精力的占用度很高，我如果只拼时间的话，根本拿不到理想的业绩。

毕竟时间有限，我只有做批量化的销售，才能提高效率，拿到更好的结果。

我曾经遇到的这个难题，相信任何公司、任何人都遇到过。解决"批量式转化"这个难题，销讲会起到至关重要的作用。

当然，我最开始也说不好什么是销讲，对此没有清晰的认知。但是，我懂得演讲和销售。

我知道，演讲的核心，是一对多地传播内容、理念，收获的是掌声和鲜花；销售的核心，是把产品卖好。

两者结合起来，销讲的核心，就是以销售为目的，通过演讲的方式，一对多地进行销售。

此后，我在实践中不断探索，逐渐掌握了销讲的精髓和更多的适用场景。也就是：

作为销售员，如何一对多卖货；作为营销老总，如何一对多招商；作为老板，如何一对多融资。

其实，不仅仅是销售人员，很多人都需要销讲的能力。尤其对于 IP 来讲，不懂销讲简直就是灾难。

比如，网上有很多粉丝数量为千万级别的网红，空有流量却不会变现，只能"讨饭吃"。

奇怪吗？不！他们不懂销讲的语言，很难用短短几句话抓住客户的兴趣点，短视频自然做不起来。不仅是短视频，做直播、私域变现、线下面销，甚至社会的方方面面，几乎都需要用到销讲。

老板需要懂销讲，把招商会开好，才能让全国各地想赚钱的人围绕在你身边，相信你，把钱交给你，成为你的加盟商或者合作伙伴。

融资的时候，要用到销讲，你要告诉别人，你做的这条赛道与其他同行相比，究竟强在哪里，为什么成功的是你而不是别人。为投资人解答这些问题，他们才会把钱给你。

一个普通职员，需要通过销讲的模型来精简语言，把话讲到客户心里去，思考如何能把两个小时的内容，用15分钟讲清楚。

对于大学生来说，学会销讲有利于向别人展示自己的优势。比如，大学期间竞选班干部，或者在班里"销售"自己，在老师面前展示自己的优势，获得学校相关的奖学金，等等。更重要的是，可以在就业的时候，给用人单位一个选你不选别人的理由。

我一直说，销售演讲，是离钱最近的工具。抓住这个工具，你会先别人一步，拿到想要的结果。

当你的发展遇到了瓶颈，请认真想一想：如何在限定的时间内比别人更快出圈？

千万级销讲能力的培养路径

有人会问：既然销讲这么重要，那我读完这本书，就能学会吗？还有人问：要想学会销讲，需不需要有演讲功底，或者语言天赋？这十几年，在我的培训下有几千个老板登上舞台，有人说话结巴，有人舌头捋不直，有人讲话没逻辑，但经过训练，他们都能上台销售、收钱。

我没有天赋，我能学会吗

我一直坚信，95%的人都能学会销讲。能否学会销讲，不是看天赋，而是看训练。

做销讲就像跑马拉松一样，没有基础训练，再高的天赋也没用。

想跑马拉松，要先学跑步姿势、呼吸节奏等，再加上长期的训练，才有可能跑出好成绩。

一个只跑了三天的人，想要和训练了十几年的人比赛马拉松，结果可想而知。

销讲也是这样，它的基础知识中包含了演讲学、心理学、销售学、逻辑学等，各种知识融合在一起，才能形成销讲结构。

拿我举例来说，从小就有演讲基础，做销售时又锻炼了销售能力。学习销讲，只需要学习心理学就可以了。

但是，对于既没有心理学基础，又没有销售学基础，还没有逻辑学基础的人来说，想在短时间内学会销讲，确实很困难。想真正学会销讲，要问自己两个很重要的问题：

第一，你是否了解销讲，并且重视学习销讲？

第二，如果重视销讲，你准备花多少时间在训练基本功上？

什么事情都不可能一蹴而就，只要想学就一定能学会，只不过是时间长短的问题而已。

天赋在我看来，是决定 9～10 分的关键。但大部分没有接受过训练的人，销售能力最多 3～5 分，你能通过训练，学会销讲，练就 7～8 分的销售能力，就够了。在你没有比过去的自己销售能力强 10 倍之前，天赋的因素，和你没任何关系，还用不上。

天赋的差距，本质上是基础有没有打好的问题，是你愿不愿意花时间去刻意练习。

销售能力评分图

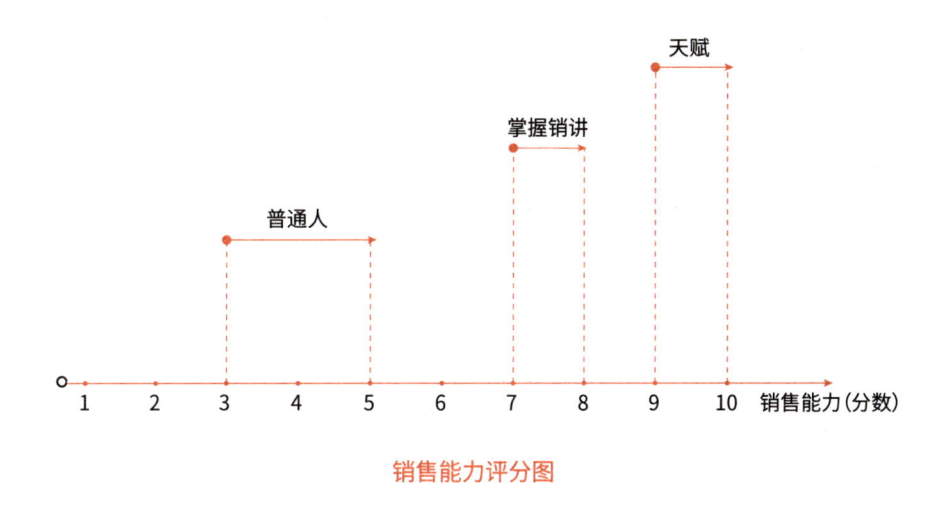

普通人: 3-5
掌握销讲: 7-8
天赋: 9-10
销售能力(分数): 1-10

我恐惧舞台，我能学会吗

基础知识的积累，是做好销讲的必要条件；而上台讲话，是对心理的另外一种挑战。

假设在一个熟悉的场合，讲的都是自己感兴趣的内容，你肯定不会害怕，甚至不用备稿，上台就能滔滔不绝地讲。

反之，如果到了一个陌生的环境，要讲的又都是陌生的内容，头脑难免一片混沌。

不说普通人，即便是我这样经验丰富的销讲人，去参加一场医学大会，主办方突然让我上台说两句，我也会发蒙，感觉很紧张。

但是，如果让我上台讲一讲销讲、招商、变现，我肯定张口就来。

这说明，有些害怕销讲的人，并不是害怕舞台，而是认为自己讲述的内容专业度不够，担心客户不认可。

我常说，95%的人都能学会销讲，为什么？因为每个人都有自己独特的成长故事、成长背景，有自己的世界观和价值观，看待问题会有不同的角度。

任何人上舞台之前，只要先想明白演讲的主题是什么，围绕这个主题，想想自己有什么能力，对此有什么专业见解，围绕这些内容做填空，最后思考应该如何用更有价值的语言表达出来，就可以了。

我们教销讲，更多的是要激发这群人，把他们真实的想法及看法表达出来。

我们在辅导很多商业人士的时候，只需要帮他们把优势放大，他们的产品只要有一个点足够专长，我就能引导他们把这个点变成一个观点，从一个观点再变成一个故事，最后变成一个说服客户的逻辑。

最终，它会变成一个销讲模板。随之，企业的招商模板也就呈现出来了。

我没有基础，我能学会吗

很多人都曾这样问我：

"我没有任何演讲的基础，我真能站上舞台，实现一对多批发式成交吗？"

我会马上坚定地看着他，对他说：

"我最怕你有基础！而且最怕你被成功学大师教成了癫狂式演

讲。如果你是白纸，输入正确公式就好了。如果你的基础是错的，要帮你洗掉记忆，那可太难了。"

想学会销讲，其实有模板可以如法炮制。只要愿意"照做"，学习销讲，并没有那么难。不过，要遵循以下几点原则。

1. 找到好老师

如果你一直向用成功学讲销讲的老师学习，注定永远都学不出来。因为销讲不是成功学，它的方向和路径是错误的，学到的东西自然也没有价值。

你要找的，是我们这种以逻辑为串联的老师，这样的老师一教，你就能学明白，该学的就都能学会了。

我有一个学员，是红酒行业的。以前，他跟成功学的老师学习演讲。每次学完之后，他都会带着员工开早会，开口就是几句"咆哮体"。比如：

（1）你们有没有信心，能不能做好业绩？

（2）你们要不要赚钱，要不要买房子？

（3）你们要不要激情，要不要主动出击？

然后，带着大家激情澎湃地喊各种口号。员工们都很反感他这种行为，他想带员工们去听课，员工们集体反对，因为员工们觉得，自己只是喊了口号，却什么也没得到，方法、结果、结局没有带来任何效益。

后来他的夫人听了我的课程，知道了销讲可以如此娓娓道来，可以靠演讲收到钱，于是把她走火入魔的老公拉到了我的课堂，我给他的第一句话，就是：

不要喊、不要叫，拿出笔来，梳理下产品卖点和自我介绍。

他说："自我介绍这么简单的事情，为什么还要写？"

我告诉他："有本事，你给我来一段。"于是，一段自嗨式的演讲，就开始了。

大家好，我是陈震！耳东陈，雷震子的震。我的爱好是运动，特别喜欢打篮球，偶尔出去钓钓鱼，也喜欢爬山。我是潮汕人，潮汕有很好吃的海鲜，如果你们来到我的家乡，我请你们吃地道的海鲜，好不好？

如果在某个场合遇到他，听到他的分享，你想认识他吗？

我看未必。几乎每个人都会自我介绍，但是大多数人都做不好自我介绍。

大多数人的自我介绍模板，就是：

大家好，我叫XXX，我是干什么的，我的爱好是什么。

类似这样的自我介绍，以及上面那段"自嗨式"的演讲，无法给对方提供价值，吸引不了对方的注意力。就像一阵风，从对方耳边轻轻吹过，如果再加上你的"咆哮体"，自然就把人吓跑了。

PART 1　每个商业精英都是销讲高手

而我教大家写的自我介绍，则大不一样：

大家好，我叫陈震，从事红酒行业13年，喝过世界各地的上百款名酒，为上千位企业家打造过个人酒窖。包括XX明星、XX网红、XX地方首富。

你认识我以后，能得到三大好处：

第一，如果你喜欢世界名酒，我可以帮你以市面50%的价格拿到，节约你50%的费用。

第二，我可以在市面上已有的近万款红酒当中，挑出100款性价比绝对高的红酒。你拿来招待贵宾的时候，既省钱又有档次。

第三，未来，如果你想做红酒生意，只懂得门店销售，不懂得如何做会销，不懂得如何用宴会式营销，我可以把整套方案教给你，用一天的时间帮你赚回100万元现金。

你要不要认识我呢？

我们用的全是这种价值型的结构。后来，他用自己的语言，把这段自我介绍说出去，每次都能让现场70%的人加他微信。而他把这个模板背诵给员工听。员工都照背不误。需要什么基础吗？不需要！上台背诵即可。

不到一个月的时间，他的团队用我们的模板，不管去哪儿做宣传，都被加微信。

你跟谁学，就会变成谁！我25岁站上舞台，都是和中国最优质的企业家打交道。我很清楚，高层次的人能接受的语言方式是什么。要记住：**低认知的人的交流，是情绪，是道德绑架；高认知的人的交流，是利益，是价值交换。**

所以，说对别人有价值的话，很重要！

2. 构建销讲的方法和框架

所有舞台的分享，一定不是爱怎么说就怎么说。一个人的行为由思维控制，一个人的思维被语言所影响。一个好的销讲，能影响听众的思维，并且引导客户的行为。因此，销讲，是以心理学为架构，再把自己的认知和专业知识，放在这个架构中，形成销讲内容。

这个模板中设计了销讲的架构，按照这个模板填充内容之后，就是一个完整的销讲稿。

		01	02	03
01	开篇式	名字		
		专业		
		成果		
		案例		
		圈层		
02	破冰式	大众认知		
		同行认知		
		我的认知		
03	论证式	一、讲结果	一、讲结果	一、讲结果
		二、抛场景	二、抛场景	二、抛场景
		三、立价格	三、立价格	三、立价格
		四、破抗拒	四、破抗拒	四、破抗拒
		五、讲方法	五、讲方法	五、讲方法
		六、留伏笔	六、留伏笔	六、留伏笔
		七、做确认	七、做确认	七、做确认
04	收心式	一、社会场景 我看到、听到		
		二、萌生想法 萌生了一个想法		
		三、设定目标 我的目标	决定一	背书一
		四、为之付出 为此做个三个决定	决定二	背书二
		五、发动感召 您愿意支持我吗	决定三	背书三
05	促单式	市场价		
		优惠价		
		定款价		
06	收钱式	舞台感召法 01 → 答疑解析法 02 → 黄金八问法 03
		详见成交SOP手册		

销讲六段式

018

比如，我要给一个医学博士训练销讲，我不会告诉他怎么表达，我会先问他：

"你与众不同的观点是什么？"

也许，大家都说"吃烧烤、喝啤酒致癌"，他却说：

"吃烧烤、喝啤酒，才是最好的养生！"

这个观点与众不同，我会让他围绕这个观点，衍生出支持这一观点的论据，讲一讲为什么吃烧烤、喝啤酒是最好的养生。

他可能会说，致癌的不是酒，而是酒精中的某些成分，烧烤致癌的，也不是烧烤本身，而是烧烤中产生的某种成分。所以，喝酒的时候，只要及时化解这些有害物质，吃烧烤的时候注意避免致癌成分的产生，那吃烧烤、喝啤酒就不致癌了。

他这样的话题本身就有猎奇性，说出来一下子就会引起广大受众的关注。

我们销讲人要练的，就是找到自己的特殊观点，并用充足的论据去证明这个论点。

观点的论据足够充分之后，再把它讲出去的那一刻，即便语言再平淡，也能营造一个有吸引力的氛围。这个时候吸引来的客户，是为你的内容而来的，而不是为了被你渲染出来的氛围而来的。

总之，内容很关键，内容为主的销讲才是正道，因为理性是常态，感性是偶然。

千万级销讲收现的
潜力测试

通常来说，普通销讲人只能从销售技巧出发，卖出更多的产品。而真正的销讲高手，会对一个产品做渗透，会陪伴客户把产品的卖点提炼出来，从而给客户一个选你不选别人的理由。他们是带着策划思维和产品思维做销售的人。**一个顶级的销讲人，一定是一个优秀的产品经理。**他一定知道什么能卖、什么不能卖。一旦他确认产品足够优秀，一定会爆发出摧枯拉朽的势能，把产品卖爆！

优质销讲的三大特质

我进入销讲行业已经 13 年了。我见证过众多销讲人才，曾经红极一时，后来销声匿迹；也见过一些人，他们一直不瘟不火；仅有为数不多的销讲人，能够持续 10 年，在各大舞台发光发热。我总结发现，一个优秀的销讲者，都具备三个特质。

1. 善良的初心

销讲人的初心很重要。真的假不了，假的也真不了。

所有的销讲人，必须基于用好产品帮助客户的初心，去使用这个工具。要记住：销讲是一把双刃剑！

如果一个伪劣的产品被人用销讲放大，就会危害社会；而一个优质的好产品，被人用销讲放大，讲述它的价值，就是造福人类。

本心虚假的人用销讲，一定会加速公司的灭亡。原本还能维持 10 年的公司，被销讲放大之后，可能一年就倒闭了，因为它的产品被放大 10 倍之后，做不了交付，口碑很快就会崩塌。

一个初心很好的人，做出了有竞争力的产品，再用销讲扩大 10 倍之后，就可以用 1 年的时间走完需要用 10 年才能走完的路。

2. 助人的决心

我经常问学员："你们敢卖吗？"

如果有人回答我"不敢"，我一定会告诉他，你不敢卖，只有两个原因：

一是卖假货。连你都过不了内心那道关，所以说话没底气，销售无动力。

二是没爱心。你扭扭捏捏地销售，是因为害怕销售产品给别人，别人会对你有想法。其实，你只是自私而已，因为害怕被人质疑而不敢出手。如果你真有爱心，真相信自己的产品优秀，那么你卖给客户，客户就不会被同行抢走。你的产品优于同行，客户才会给你带来收益。

拿白酒来举例子。如今市面上有非常多的假酒，做真酒的人有没有责任？从一定程度上来说，有！如果自己能把白酒卖给更多的人，那假酒所占的市场不就少了吗？

我之所以坚持做销讲，就是因为笃信：从事商业，必须掌握销讲能力！那去哪里学？一部分人会被成功学派忽悠走了。如果我能成交他，让他跟我学，他就能掌握有逻辑性的销讲，他就能被更多人所接纳。

每个人学习的费用，总得花出去，花在我这里，买到的是货真价实的产品，不满意，我还退款；但花在别人那里，买到的可能是劣质产品，从而给自己带来经济损失。所以，我真心想帮助他，我必须主动成交他，这才是对他最大的尊重！

3. 炼己的狠心

做销讲最重要的就是第一步。如果无法迈出第一步，就将永远沉浸在自嗨里，无法得到客户给予的正反馈。如此一来，销讲者的动力必然会逐渐消退。

只要迈出第一步，并且获得了成就，就有了此后的无数步。销讲者，一定要对自己心狠手辣，因为他们必须在一场又一场的活动中，反复打磨自己的能力，去提高变现率。他们不会浪费任何流量！

过去10个客户，我能成交1个。现在10个客户，我能否成交3个？下一次，能否10个客户，我成交5个？再下一次，10个客户，我能否成交7个？一次次修改PPT，一次次调整语音语调，最终才能确保出口那一刻有进账。

一个人，只要开始了第一次销讲，无论是线上直播还是线下会销，或者是到某个场合接受一次访谈，他收到的正向反馈越多，他就越会希望有更大的场合，面对更多的人进行输出。这些正向的反馈，会让他的能力不断地放大。

销讲能力的五个象限

一个有语言天赋的人，如果不学习销讲，不通过销讲能力为他人创造效益，就只能赚取存量收益，而无法赚到增量收益。到最后，就只有唯一的选择，那就是拼价格，把自己的演讲天赋卖得越来越廉价。

当然，我很清楚，销讲能力的提升，并非一朝一夕的事。只要你能从这五个象限入手，持之以恒地训练，你一定会获得巨大的成就。

1. 专业力

销讲能力的表层，是销售能力；销讲能力的深层，是对产品的理解和专业的拆解。因此，一个专业的销讲人，一定是博学多才的，他对各种产品有寻根问底的喜好，而且很喜欢对比同类产品，找出产品之间的差异。久而久之，自然就训练出了快速提炼出卖点的能力，从而以卖点形成尖刀，刺进客户的认知世界！

举例来说，一个懂白酒的人和一个不懂白酒的人，讲起酒来完全是两码事；一个懂出版的人和一个不懂出版的人，卖起书来完全是两码事；一个懂营销的人和一个不懂营销的人，讲起营销来也完全是两码事。

销讲人的专业力，必然会决定订单的大与小。所以，过去很多讲成功学的老师说，不需要任何专业，就能把东西卖出去。理论上，这是不成立的。**情绪能成交小单，专业才能成交大单。**

但是，过于专业，又一定是成交的"天敌"！

给大家一个评级系统，看看你在什么级别。

销讲专业力评级表

分数	具体表现	案例演示
1分	只能说清楚产品的功能，无法与类似产品形成差异	这是一瓶能喝的水
2分	能够讲清楚所卖产品的参数和数据，并且和同行形成鲜明的对比	这瓶水是弱碱性，市场上其他的水几乎是酸性
3分	能够讲清楚产品数据、产品设计的理念，以及产品的成分。但往往过于专业，客户听不懂	这瓶水的pH值是7.3，为弱碱性。弱碱性水的pH值通常在7.1～8.5，具体取决于溶液中的溶解物。弱碱性水所含的碱性成分，如氢氧根离子，会略微增加溶液的碱性

续表

分数	具体表现	案例演示
4分	能够将客户关注的专业内容场景化、视觉化，能把客户培养成半个专家。	人为什么要喝弱碱性的水？人体形成了较为稳定的呈微碱性的内环境。这种pH值恒定的现象，叫作"酸碱平衡"。人体的pH值为7.35～7.45，即呈弱碱性。但由于现代人的饮食习惯，摄入酸性食物过多，人体的酸性大于碱性，所以更多人血液的pH值在7.35以下，身体处于健康和生病之间的亚健康状态。饮用弱碱性水可以让身体更轻松，帮助延缓衰老，摆脱亚健康状态

（备注：以上仅呈现表达形式，不做事实的探讨）

通过以上的案例拆解，你会给自己打几分？销讲的专业度，不是满嘴讲着客户听不懂的概念和技术，而是要把客户最关心的卖点，有事实、有依据地分析和呈现，并且运用技术手段，翻译成客户能听懂的场景化、视觉化语言。

往往仅需一个卖点、一个场景，就能让客户决定是否下单。

2. 表达力

表达力影响的，是整个销讲语言的流畅度和舒适度。

比如，文学底蕴有没有？幽默感够不够？你能不能让客户沉浸于其中听你说话？

普通的销讲是单向传播，即销讲者讲，客户听。

优秀的销讲是一对多的聊天，互动式交流。销讲者和客户在你来我往的过程中，用眼神交流，用肢体交流，用情绪交流。他们会用心感受对方的情绪，有节奏、有温度地把自己的认知注入听众的脑海中。

这种表达力，不是成功学般的亢奋、刺耳，让你听得一惊一乍。销讲的表达力是高级的，情绪是多变的，表达方式是娓娓道来的，会让你很自然地接收信息。优秀的销讲者，时而声音高昂坚定，能够把他的观点强行植入你脑海，动摇你的原有观念；时而温声细语，让你生出同理心，去认可、去同频；时而幽默风趣，能把现场氛围调节得无比和谐。

还有人问：

"普通话不标准，能做销讲吗？"

如果你有一口标准的普通话，肯定很好。如果 10 个字中，有 8 个字能让听众听懂，那也没问题。最怕你带着一口连大家都听不懂的普通话，那我也没辙，这已经不是销讲的问题，而是你如何和正常人沟通的问题了。

给大家一个评级系统，看看你在什么级别。

销讲表达力评级表

分数	具体表现
1 分	能把话讲明白，但缺乏逻辑性；长篇大论但缺乏主题；单向传递
2 分	流畅的表达能力和演绎能力；能够简单精练地将想法表达给客户，但缺乏情绪力

续表

分数	具体表现
3分	能够声情并茂地进行舞台表达，引经据典，展示出个人的文化底蕴和修养，让别人敬仰，产生一定的距离感
4分	返璞归真的聊天式表达，在舞台一对多和大家聊天。不停拉近听众和演讲者的距离。情绪是多变的。表达方式是娓娓道来的，时而声音高昂坚定，时而温声细语，时而幽默风趣

3. 控场力

销讲有一个特点，不仅一对一的场景可以用，一对多的场景中效果更好。

在销讲的过程当中，有没有能力在举手投足之间让客户安静、与客户互动、与客户交流，让他们跟随着你的语言，在脑海中形成各种画面感？这很考验销讲人的控场力。

控场力强的销讲人，不会在嘴上说让客户"闭嘴，安静"，而是通过掌控局面来引导客户。什么时候沉默，什么时候讲话，一个眼神，一个动作，就能拿捏到位。

什么语言可以激发客户探讨，什么语言可以让客户深思，什么语言可以引发客户情绪，都有特定的控场公式。后面我会详细阐述。

给大家一个评级系统，看看你在什么级别。

销讲控场力评级表

分数	具体表现
1分	仅能完成舞台的讲演，无法掌控客户的行为举止，客户的行为和讲师的语言是分离的
2分	讲师具备舞台上的规则制定权，客户更多地配合讲师完成"不允许做的"，而无法完成讲师"想要做的"
3分	讲师能够让客户抛下工作，抛下电子产品，全程听讲，并且情绪波动由讲师语言所控制
4分	最高级的控场能力，不仅是控制场内，还包括控制场外。客户在活动期间的一切设定，包括离开活动现场一段时间内的思维模式和行为路径，所有社交传播内容，都可以被讲师的语言所设定

4. 成交力

做销讲的最终目的，就是成交。 销讲结束之后，主讲人能否把钱收到位？听众能否在短时间内，消除对所有产品和项目的抗拒点，并且心甘情愿付费？这点很重要。

能力弱的销讲老师，遇到好的场能成交，遇到差的场直接挂零，需要团队配合，才能成交。实际上，成交这件事，不应该交给团队，因为团队是低势能，客户是高势能，让团队去成交客户，本身就是一场失败的销讲。

能力强的销讲老师，讲完之后客户会心甘情愿地直接掏钱。真正厉害的销讲老师，可以单枪匹马横扫整场。左手一支麦克风，右手一个收款码，意思是：我讲完了，你该给钱了。

其中体现的，就是成交力。

我在 2015 至 2020 年间，每年都有上百场活动分享。一是卖出自己的产品，二是帮助客户推广他们的产品。自己组织的活动，有完整的会务团队，一般活动成交额都非常可观。但是，如果你去帮客户推广，或者去外地，由有流量的团队为你邀约（他们大概率没有有经验的会销团队），这个后果就是，没有人配合你收钱！你总不能把团队空投去外地配合吧，成本太高了。那怎么办？我就研发出了"三式成交法"，"三板斧"打出去，即使没有团队配合，我也能独立完成全场签单。

给大家一个评级系统，看看你在什么级别。

销讲控场力评级表

分数	具体表现
1 分	讲师分享完，仅做成交告知。成交动作由团队完成，自己非成交主导角色
2 分	掌握"黄金八问法"，能够开展一对一成交。通过营销话术引导，10 分钟完成客户促单动作
3 分	掌握"贵宾室成交法"，能够开展一对多成交。由讲师筛选出精准意向客户，转移到小会场空间。通过一对多答疑，做客户促单
4 分	掌握"舞台感召法"，舞台开展一对多成交，由讲师直接在演讲舞台，从客户意向筛选，到政策宣布，到成交促单，舞台上一气呵成。仅需要配备收钱团队，无须促成团队和会销团队配合

5. 拆解力

做销讲，需要知识不停地迭代，看到文章和观点时，要能够迅速完成拆解，补充到自己的课件、演讲稿当中。时代在改变，认知在改变，思考的维度也在改变，拆解力是让分享内容保持"时髦"很重要的能力。

有人曾经问我：

"宇霖，你多久改一次课件？"

我答：

"每一秒。"

优秀的销讲老师，不需要背稿，也不需要刻意地迭代课件。为什么？

因为你的分享框架按照心理学架构完后，内容素材可以随时替换。而**你每一秒的认知改变、见解改变，都是在更新你分享的内容。**客户喜欢和一个与时俱进的人学习、探讨、交流。如果你能把每天遇到的事或者感想都拆解后打碎，再放进你的销讲稿中加以运用，那真是太牛了。

而且，**优秀的销讲老师，还善于从其他老师的课程中汲取知识。**

听任何一位老师的课，我都会边听边拆解，把金句记录下来，把逻辑结构梳理出来，保留其中的精华，弥补内容的残缺。

我在销讲行业，有一个称号，就是"课件复刻器"。这是因为我有很强的记忆力，以及完善的知识体系，所以我能够排列、组合、拆分、

PART 1　每个商业精英都是销讲高手

重构。在其他老师课程结束的那一刻，我就已经做出了一版超越原作的课件，而成交率会是那位老师的3倍以上。

这个拆解力能不能训练？可以。被我训练过的销讲人，都具备这个能力。这和记忆力无关，和过去的基础无关，其实就是一套文字的排列而已。

给大家一个评级系统，看看你在什么级别。

销讲拆解力评级表

分数	具体表现
1分	听完他人的分享，只能记录其金句而已
2分	听完他人的分享，可以完整记录他人分享的思维导图、知识点，并加以复制
3分	听完他人的分享，能够快速拆分自己的课件及分享者的课件，迅速进行内容重组，创造全新课件，形成知识的融合升级
4分	通过他人分享的思维导图，可以反推分享者的思维模式，以及支撑知识点的案例逻辑。并且进一步洞悉分享者的价值观和情绪波动，从而进入自我价值、文化的迭代升级。不局限在知识内容当中。进入这个阶段，就具备"读心术"了

所有的读者，都可以通过五个象限，计算自己的基础评分。

以上的计算，并非以每个象限的分数总和来衡量一个人的销讲基本功，而是以五个象限最低分，作为评估自己的标准。如果你每个象限的分数都在2分以上，那就具备了基础的销讲能力。如果每个象限的分数都在 3 分以上,你就已经是一个成熟的销讲老师了。

销讲训练的四个阶段

普通人当然无法与优秀的销讲老师相提并论。但是,就像我一直强调的,销讲能力靠的不是天赋,而是练习。

通过坚持不懈的练习,普通人也可以拥有销讲能力。销讲训练,通常需要经历四个阶段。

阶段一:练逻辑和结构

把话讲清楚,是做销讲的基础条件,要先把所有的销讲语言结构搞明白。

比如,对产品卖点的提炼,论点、论据、论证都是什么。这些很关键的信息,一定要了然于心。

阶段二:练演绎和表达

把自己的观点,用一对多的方法说出来,哪怕只有 5~10 分钟。话不在于多,而在于是否清晰,能在别人的脑海中留下印象。假设讲了 20 分钟,却无法给别人留下印象,讲了又有什么用?

阶段三:讲故事和说服

表达观点时,很多人习惯采取很直接的方式。

问题是,几乎所有人都不喜欢听别人说教。因此,必须想方设法把语言结构以及表达变得更优美。

比如，一件事情，明知道是对方的错，但是不要直接批评对方，而是讲讲自己和邻居打架了，为什么打架，深层的原因是什么，让对方听完这个故事之后，意识到自己的错误。

这个方法，就是销讲中的重要结构——故事替换。举个例子，客户来砍价了，我不会直接回答是否给客户优惠，而会说：有的同行也有砍价的经历，价格是低了，但是商家给了他们劣质产品，导致他们整个生产线都停了。所谓一分钱一分货，让他自己思考，到底要不要砍价。

阶段四：练辩论和博弈

这个阶段的销讲，讲的是"我是对的，别人是错的"，所谓"没有事实，只有认知"，这是从认知维度去区分的。

做个假设，针对发生的一件事，同时出现十个观点，你要做的就是在潜移默化中把另外九个人的观点"粉碎"，让客户不得不相信你，从而完成自我说服。

具有这种说服力的销讲，真的能让你的思想、认知逐步"侵入"客户，甚至形成了一种"信仰"。如营销大师乔纳·伯杰（沃顿商学院市场营销学教授）写的那本《疯传》书上的一句文案所言：让你的产品、思想、行为像病毒一样入侵。

就像小米的 CEO 雷军，他在别人的脑海中植入了一个观点：只要提到"性价比"，我们第一个想到的就是小米这个品牌。

苹果公司的前 CEO 乔布斯也讲过：

"我的才是未来，你们的全是过去时，我的产品才是最有体验的。"

接下来，我即将带领你们进入正式的训练环节。

销讲学习小贴士

1. 打开心结

一定要给自己信心，销讲和天赋没关系，本质上它是一种语言结构，一个人只要会张口讲话，就一定能学得会。

2. 有人引路

练技巧的时候，如果有人带，给你传授一些临场的经验，你就能更快地明白，其实也就那么一回事。没人带的话，也许一辈子都学不会。

3. 坚持练习

越熟悉的东西越喜欢，熟悉之后，才会越看越多。付出一定的时间，练得越多就越熟练。

不知道你信不信，反正我是相信的：真实才会无敌，勤练就能通神。

当你依然不想练习，依然选择待在舒适圈的时候，不妨问问自己：

过去的这么多年，因为不懂得销讲，不懂得一对多成交，自己错过了多少机会，丢失了多少财富？

PART 2

策划千万级销讲

一场销讲，收入千万元，难吗？不容易。但也绝不是完全无法攻克的难题。

在我过去13年的营销策划生涯中，自己公司实现的，以及帮助我们756位学员实现的，不低于一百场。我们策划的活动，对比同行，破千万场的纪录，可以说遥遥领先。

很多同行也研究过我们销讲的模式和结构，但就是无法策划出超越我们的活动。私下里，他们会问我：

"周老师，能不能把你们成交的话术，给我们学习学习？"

于是，我把销讲话术和成交话术，原原本本拷贝了一份给他们。结果呢，他们的数据，依然只有我们的1/3，甚至1/5。为何？因为大多数人，把销讲当成了一门"成交学科"。而我对销讲的理解，是"营销学科"。

什么是"成交学科"？就是研究怎样卖好的学科。通过语言、煽情演绎、现场烘托，达到结果。

什么是"营销学科"？就是研究怎样好卖。给客户一个选你不选别人的理由，并且把这个理由，"锤进"客户的心智！

在这本书里，我将首次公开我的销讲体系能够持续实现千万级营收的秘密！

产品策划，
给客户非买不可的理由

产品必须差异化

销讲成功的第一要素，就是策划体系。策划的要点是什么？就是找到你的产品、活动、品牌，与同行最大的差异点。

其实，中国99%的创业者，经常把产品滞销归因到销售环节，认为是自己不够努力，或者团队不够努力。那么，有没有可能是你的产品压根儿没有差异化，客户看不出你的产品比同行好在哪里？所以，你才需要不停增加人手去教育、说服客户。

我们的策划体系，尤其注重提炼产品的独特卖点。我们必须找出客户听得懂的语言，再去完成销讲，进而把公司定位和广告语，"锤进"客户的心智。

举个例子：我投资了一个项目，主要业务是把中国的优质产品卖到海外,并扩大这些品牌的影响力。有位项目老板,最开始的解决方案是收代运营费。意思是,她收取客户每月4万元,教客户如何搭建团队,如何把产品放到TikTok上去卖。然而,运营了一段时间,整个项目几乎没什么起色。

我看她对品牌方很投入,业绩却一直上不去,就跟她说:

"如果你真有本事,为什么要教企业家搭建团队去TikTok[1]卖货,只赚那仨瓜俩枣的代运营费?

"品牌方的老板要的是把货卖出去,他们有产品,但是不会搭建团队。你有的是方法,会搭建团队,为什么不能直接帮他们卖货,进行抽佣合作?

"难道这样做不是更容易吗?教会他们搭建团队,不如自己搭建团队。"

同样的能力,放在不同的地方,产生的结果,一定是不同的。

我们只要给客户一个选我不选别人的理由。为什么选我们?因为客户不用搭建团队,不用试错,不用买教训。产品运到海外仓,我们卖完,收益对半分。如果卖不动,不要钱(不收取任何费用)。就这么简单。客户不用接受培训,不用去了解TikTok,也不用去交高昂的咨询费、策划费。国内市场,归你;国外市场,我们对半分。

请问,有谁不愿意?把原本每月4万元的代运营,还要不停回答客户我如何保证你学会的伪命题,直接改成了:收50万元诚意金,启动

---

[1] 字节跳动旗下短视频社交平台。

项目。做好了，分钱；做不好，50万元全额退款。这样既能筛选优质客户，又能持久赚卖货的钱。客单价提高12倍，一个项目1年收入提高30倍左右。

客户愿意掏钱，因为只赚不赔。我投资的公司，也不用一个月辅导十几家公司，现在一年聚焦十个项目，赚得盆满钵满。

未来，需要扩大收入。把10个项目模型整理完，开一场选品会，做一场会销，来一段销讲，把项目讲清楚，这个事情就做成了。

请问，以上的项目，是销讲的成功，还是产品策划的成功？

一个不好卖的产品变成了一个很好卖的产品。很多会演讲、会销售的人，为什么做不了大买卖？就是因为商业认知不足，不会根据竞争环境找到自己产品的卖点。

痛点必须具象化

做产品策划时，还要找准痛点。我讲个案例：

我有一位会员，是一名青少年教育专家。第一次见面时，我问她："你是做什么的？"她花30分钟介绍了自己的项目和案例。你要知道，我们是商业关系，我愿意倾听。如果是面对消费者，谁会愿意为一个30分钟都讲不清楚自己能解决什么具体问题的人买单？

后来，我听了30分钟，终于搞清楚，她专门解决孩子的心理疾病。大到孩子轻生，小到孩子闹脾气，都可以帮家长解决。说实话，30分钟后，我都不清楚，我能给她推荐什么客户。她产品的定位和差异化，是无法被客户快速识别的。

后来，我给她重新定位："青少年厌学逃学解决专家"，不到一个月，她的客户询盘量翻了3倍，给她公司带来很大的业绩提高。她觉得我的定位能力很神，是我拯救了她的公司。其实，一点都不神。如果你能把以下几句话背下来，你也可以做到：

（1）你的产品卖点，客户是否能够一眼识别？
（2）你想解决的问题，表面呈现的状态是什么？
（3）你的产品的价值，能否直击客户的痛点？

我跟她说，有心理疾病的孩子，95%都会厌学，甚至逃学。孩子的反馈机制很明显，就是学习的状态出了问题。而且，家长是什么时候才开始关注孩子心理健康问题的？是不是孩子不读书了，不用功了，打也打了，骂也骂了，却依旧解决不了问题的时候？这个时候家长才会关注，是不是孩子的心理出了问题。

如果你定位成"青少年厌学逃学解决专家"，直接提出厌学、逃学的痛点，就比心理健康更能击中家长的心，家长也就更容易识别出自己的孩子是否需要帮助。通过系统诊断，从心理健康的角度去解决问题，孩子就不再抗拒学习，学习成绩也会提高。

所以，"青少年厌学逃学解决专家"，是家长能识别的心智语言。而"青少年教育专家"是个概念词，而非具备营销属性的传播词，家长看了一头雾水，不知道这个专家能解决自己的什么问题。

记得在2023年8月，我从跑了3年的科技研发赛道，回到营销策划赛道。当时有人问我：

"周老师，你在2018年将销讲这个赛道带到了企业家的商业视野当中，2019年，你又在招商赛道做到了行业头部。而你消失的这几年，中国的营销环境发生了很大变化，出现了短视频，出现了直播，出现了私域。这三条赛道，你一条没挨边，你已经不能代表最先进的营销手法了。请问，你要如何破局？"

我的回答，很简单。做对两件事情，营销界就必须承认，我周宇霖还没离去：

第一件，用最新的营销手段，给自己做一场营销。把业绩和数据，放在同行面前。

第二件，提炼一个新的定位，能够让客户一听就懂，把同行客户的钱拿进我的口袋里。

我运用多年积累的营销策划和定位理论，提炼出我新的定位。综观营销行业，有很多大人物，比如传统营销的华与华先生，特劳特体系的一众优秀策划师，新媒体出圈的金枪大叔，等等。我的竞争力体现在哪里？难道我要去说服老板，我比他们更优秀？这个逻辑显然不成立。

这些前辈，已经有大案例、大流量，我再去告知，无异于以卵击石。我需要与之错位竞争，不比能力，要直接比结果。因此，一个影响2024年的词汇出现了——结果式付费。

我给我的企业定位：结果式付费营销落地平台。

我公司的广告语：营销找天禹，结果式付费。

我们颠覆了营销赛道以往费用高昂的商业模式。过去，一个项目，策划费就要300万～500万元，很贵的，甚至要1000万～3000万元。高昂的策划费会让一些企业家产生顾虑，如果落地团队不行，最终效果是无法呈现的。等于一个老板花了上百万元买策划，最终竹篮打水一场空。而如今的策划界，又有多少公司，愿意给企业保证结果呢？

他们不敢，我们敢。因为，2024年后，老板再也不愿意花钱，去买一个"高大上"，去买一个未知数。现在凡事都要追求投资回报率（ROI）。如今营销行业的现状是，会策划的，不会落地；会落地的，不会策划。

我想，如果我把定位系、品牌系、产品系的专家都集合起来，为企业做竞争力策划。再把短视频人才、私域运营人才、招商专家、会销专家集合起来，为项目做落地。而整个过程，不需要策划费，我们直接提取为企业获得现金收益的佣金即可。

这等于零策划费，纯佣合作。这个商业模式出来后，拼的就是真本事了。

而我们的体系，前身是会销、招商体系，多年以来一直就是以结果产出为主的营销公司。而新时代的短视频、直播打法，市面上有现成团队，收购就行了。定位系和品牌系的策划团队，这几年，不敢保结果，日子也艰难，我们也整合进团队当中。团队的所有人，围绕结果式付费的商业模式出发。

因此，我们输出的是：**结果式付费的招商策划、结果式付费的会销**

落地、结果式付费的线上发售等。 那如何才能把这个项目传播出去？

我们采取了线上发售，一封销售信告知公众客户我是谁。我用了销讲结构写的销售信，获得了 20 万点击量，引流 1 万余人进入私域社群。三天直播线上直接卖服务项目，GMV 共计 621 万元，线下会销发布"结果式付费"项目合作，获得了 2000 多万元的订单。

我把自己的案例做了概述，就是希望能和大家进一步明确：销讲会销，不是一个技术层面的工作，而是一个洞悉客户需求，研发好卖的产品，从而通过会议做集中式的呈现。千万级的销讲，核心不是如何卖，而是拿出一个让客户满意的产品！

活动策划，
让客户沉浸且自动买单

有了好产品后，怎么办？肯定就是卖啊！问题是，如何卖？要选择一个适配的销售场景。可以在直播间卖，也可以在微信社群卖，如果要高客单，那还要到线下卖。

线上卖，辐射的人群会更广、更多，但不能把客户约束在一个空间内，客户容易流失，且客户未见面，信赖感不足，往往只能卖小单。而线下，邀约客户难度会提高，但因为客户是沉浸式聆听内容，所以信赖感建立会更快，容易出高客单。无论用哪种方式，都只是空间问题而已。

现在最高级的玩法，就是线上用直播和社群卖引流品。筛选客户后到线下做会销，完成高客单转化。无论哪种方式，你都必须掌握活动策划的九大体系。

活动策划九大体系 | NINE EVENT PLANNING SYSTEMS

策划体系
- 01. 项目调研　企业形象　团队配力　资金实力
- 02. 找对对象　头部对标　新锐对标　失败对标
- 03. 竞争分析　产品差异　服务差异　政策差异
- 04. 竞争破局　产品创新　服务创新　政策创新
- 05. 项目设计　产品设计　模式设计　视觉设计
- 06. 项目验证　内部验证　专家验证　用户验证

宣发体系
- 01. 宣发主题　确认主题　主题创新　传播创新
- 02. 宣发对象　行业专家　受众对标　用户画像
- 03. 宣发途径　天府传播　地网传播　人网传播
- 04. 宣发预算　广告制作　广告投放　公关费用
- 05. 宣发执行　数据追踪　投产管控　投放调整

邀约体系
- 01. 邀约对象　分享讲师　背书嘉宾　参会用户
- 02. 邀约目标　门票目标　到场目标　精准目标
- 03. 邀约政策　个人奖励　观察实验　团队奖励
- 04. 邀约工具　邀约规划　邀约手册　邀约话术
- 05. 邀约培训　活动培训　话术训练　话术闯关
- 06. 邀约执行　团队质检　任务分配　执行管控

会务体系
- 01. 筹备小组　会场对接　疫情防控　危机应变
- 02. 接待单元　现场小组　签到小组　指引小组
- 03. 会场单元　守门小组　站位小组　布场小组
- 04. 舞台单元　主持小组　音卡小组　灯光小组
- 05. 成交单元　桌长小组　膳卡小组　成交讲师
- 06. 传播单元　摄影小组　文案小组　传播小组

物料体系
- 01. 外场物料　公司展示　产品展示　背书展示
- 02. 内场物料　成果展示　客户展示　感谢展示
- 03. 舞台物料　主题展示　成效展示　讲师展示
- 04. 个人物料　公司资料　产品样品　笔记资料
- 05. 物料预算　会场费用　宣发费用　物料费用
- 06. 物料执行　物料分制　物料采购　物料管理

路演体系
- 01. 路演类型　卖货方案　招商方案　融资方案
- 02. 方案设计　场景带入　产品机制　信用背书
- 03. 路演训练　方案演练　台风训练　成交演练

成交体系
- 01. 成交铺垫　产品对比　服务对比　价格对比
- 02. 成交配合　讲师主张　敲定客户　客户追加
- 03. 成交方式　舞台成交　餐宴成交　黄金八问
- 04. 价格策略　完款策略　定金策略　礼品策略

追销体系
- 01. 客户盘点　完款客户　定金客户　意向客户
- 02. 客户分析　抗拒原因　抗拒分析　抗拒解除
- 03. 追销策略　优惠策略　追加服务　追加权益
- 04. 追销方式　微信追单　上门追单　聚会追单

复盘体系
- 01. 创意优化　策划优化　宣发优化　物料优化
- 02. 流程复盘　邀约复盘　会务复盘　路演复盘
- 03. 业绩复盘　成交数据　追销数据　转换数据
- 04. 流程固化　输出方案　输出流程　输出标准

活动策划九大体系

拿一场我们2023年为私域发售界代表人物肖厂长策划的400人线下活动为例，进行拆解分析。那场活动，我们仅用7天时间给他做活动重构，结果单场活动发售直接从150万元拉到1800万元，业绩提升了11倍。

先简单介绍一下肖厂长做的是一门什么样的生意。肖厂长通过"发售"大事件，快速打爆一个IP，不到10天的时间，迅速实现200万～300万元的变现，简单来说，就是一个公域私域相结合的大型线上会销活动。肖厂长把这套发售模型，复制给20多位恒星联盟成员，1年累计发售变现超过7000万元。

1. 策划体系，找到独特竞争力

我们如何定义肖厂长？我们天禹在做任何项目的时候，都会问这样一个问题：你与同行的区别在哪里？为什么选你不选别人？

这个问题落到肖厂长身上，就是：私域发售千千万，为什么选你肖厂长？

我们要做的第一步，是给肖厂长找到产品的核心竞争力。肖厂长过去的产品模型，是"1.68万的恒星私董会 + 销售 GMV 分成"。就是找到好的 IP，帮他操盘线上发售，最后对销售的 GMV 进行分成，用结果式对赌的方式来盈利。

发售这个领域，核心的三个关键词是产品、流量、成交。

第一个，产品。 肖厂长拥有很强的能力，但往往因为合作的项目 IP 缺乏竞争力，最终的结果不能被呈现出来。我们认为，他拥有行业内最强的技术，只要找到优质产品，拿1个项目，会比10个项目的回报率更高。

因此，我们给他建议，以后的项目，不要按 GMV 分成，而是直接收100万元合作款。如果合作对象连100万元都无法支付，一定不是头部 IP，不是头部品牌，他的产品就无法被市场验证。钱，是验证产品最直接的方法。

第二个，流量。 肖厂长拥有中国3200万私域资源，都存在他的企业微信和个人微信里。如果发现哪些产品出彩，直接给合作的品牌方灌流量，而且可以成立一个流量联盟，就是找一群有流量的人，给优质的品牌企业和 IP 输送流量。

PART 2　策划千万级销讲

第三个，成交。 是否可以找一群会销售的人，帮助品牌和IP，在他们的直播间，通过连麦的形式卖货？

> **私域发售行业第一：**
> 头部客户+头部客户流量+厂长私域流量+连麦战神流量

我们探讨后认为，发售技术，不是一套高难度的方法，而是需要高资源的方法。如果肖厂长可以把流量资源和成交资源整合起来，为新的品牌方服务，那么这个价值就会超越所有同行。因此，我们重构了产品体系，为他搭建百万级客单价及未来支撑联盟体系发展的流量产品。

肖厂长 IP 产品体系

2. 宣发体系，让千万人知道你

活动策划完后，我们需要做宣发。让更多人参与活动，必须有"传播 100 次，迎来 1 个精准客户"的换算思维。很多人总觉得，我办次活动，要邀约 100 人、200 人，甚至是 1000 人很难。实际上，你应该这样思考：如果邀约 1000 人，我该如何传播、覆盖 10 万人？如果策划的产品或者活动，能给客户一个购买理由，那么客户来参加你活动的概率，就会很大。

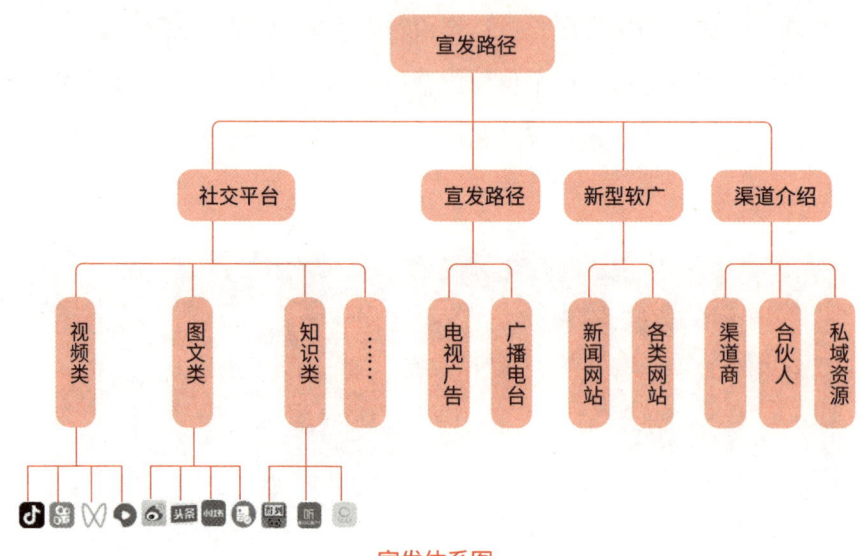

宣发体系图

针对肖厂长本次活动，他采用一封销售信，把他的思考、创业感悟，全部融入其中。一对一发送给自己的朋友，并且引发客户的二次转发，从而达到了 20 万次的传播量。

当然，宣发模式还有很多套，这里我们仅针对肖厂长的宣发模式做个分享。后面，我们还会给各位展示更多案例，以及更多的宣发模型。

PART 2 　策划千万级销讲

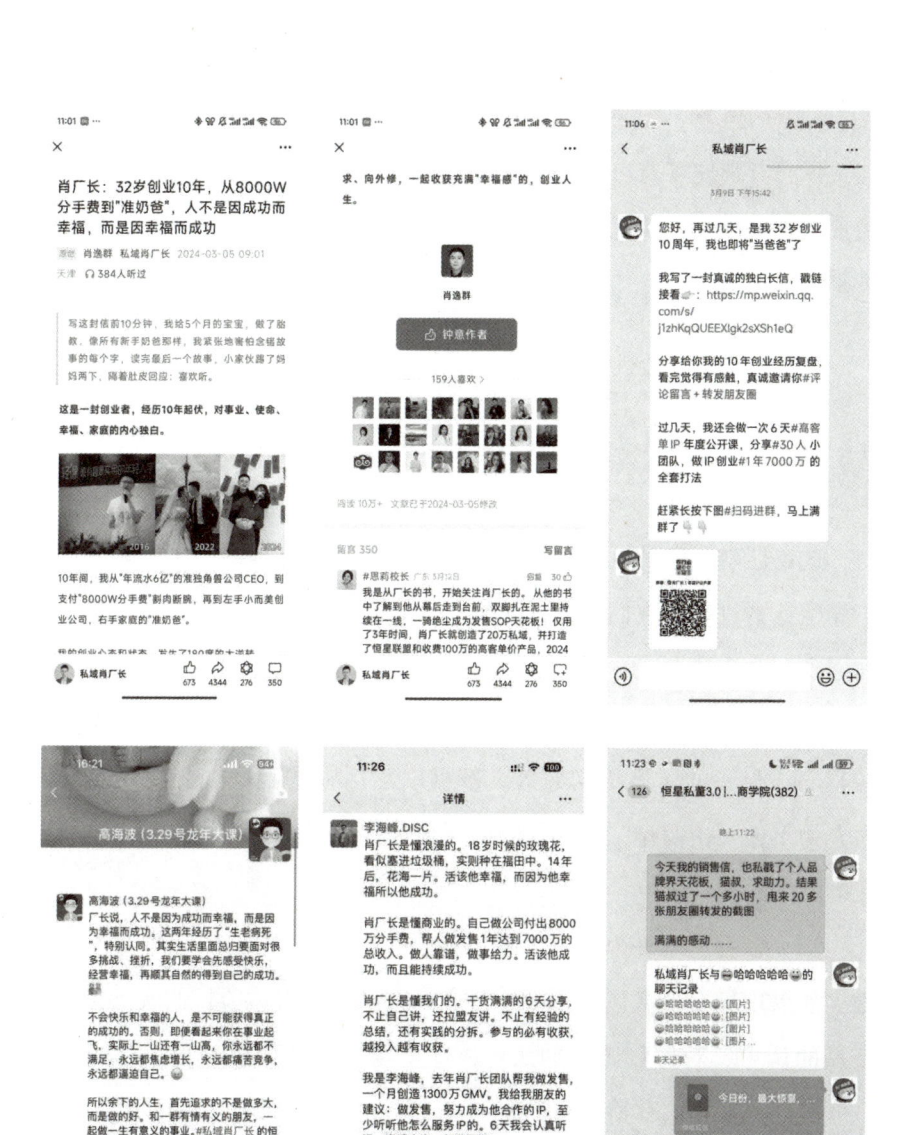

肖厂长销售信息传播图

3. 邀约体系，把目标客户请来

客户看到你宣发出来的产品及活动后，他来与不来，不仅基于产品是否够有诱惑力，还取决于参会的人是谁。这里，我们要引出四类邀约对象。

（1）**分享嘉宾**——可以作为展示性的嘉宾，往往以主办方，以及有影响力、有名气的人为主。以嘉宾为宣发主题，潜在客户很容易慕名而来。例如，我举办一场 AI 大会，把 Open AI 的奥特曼邀请过来，你们觉得，这场活动，邀约还困难吗？如果我在举办的产品发布会上，把刘德华先生邀请过来，你们觉得，这场互动，邀约还困难吗？找有影响力的人搭台，办活动会很有价值。

（2）**势能嘉宾**——可以给活动增加背书、势能的人。例如，媒体界的嘉宾、抖音的千万级网红等，都可以给活动本身增加势能和邀约动力。如果你开招商会，把同行的前几名经销商邀请到现场，可以增加项目的势能。

（3）**老客户**——作为一个有成交指标的活动场，客户的见证很关键。如果现场有很多你服务过的客户，纷纷表达对你项目的认可、对你产品的认可、对你创始人的认可，这个场域自然而然就很容易成交客户。客户只会相信有结果的客户。

（4）**新客户**——就是被我们的产品介绍和活动介绍吸引来现场的客户。他们符合销售中的"3A 原则"：有购买力，有购买意向，有购买决策。相当于，他们来到我们的活动现场，聆听了分享，向周边客户了解了口碑，自然就决定和我们合作。

邀约计划表

邀约目标	邀约目标人数	邀约责任人	邀约政策（对外邀请资金、内部邀约政策）	邀约工具
分享嘉宾	3人	总裁办	对外邀请资金：花钱请嘉宾，按出场费支付 内部邀约政策：无	活动介绍 邀请函
势能客户	10人	总裁办	对外邀请资金：行程全包，高级接待 内部邀约政策：无	活动介绍 邀请函
老客户	150人	客服部	对外邀请资金：无 内部邀约政策：门票收入980元，内部提成380元	活动介绍 报名链接 邀约视频 邀约海报
新客户	150人	招商部	对外邀请资金：无 内部邀约政策：门票收入980元，内部提成780元	活动介绍 报名链接 邀约视频 邀约海报

而这次合作，肖厂长把IP界有影响力的人都邀请了过来，这自然吸引了很多客户前来。他们到现场参加学习，并且联结各领域的营销人才。

与会嘉宾图

4. 会务体系，完整地展示团队

一场好的活动，需要配备完善的会务团队。从客户进入酒店签到开始，他们就在我们办的活动中去体验每个细节。

5. 物料体系，卖点视觉化呈现

产品策划完后，客户会参加我们的活动（特别是线下），我们还给客户准备了"物料三件套"，也就是提前解答客户三个问题。

（1）你们是谁？——公司介绍的行架。

（2）你们卖啥？——产品介绍的行架。

（3）有谁用过？——客户见证的行架。

PART 2　策划千万级销讲

有人问我，会场设计是不是要高大上？其实，会场选择和物料的设计，主要是看你要卖什么产品。如果你卖出的产品价格过万，甚至上百万，会场和物料的调性必须高。你的高质量客户，特别在乎"审核"。如果你卖的是几百上千元的产品，你会场调性高了，客户反而觉得有压迫感。设计的品位，要根据客户和产品来定。

以上三个物料，是必备的三件套。其他物料，则可以根据需求，进行相应的增减。

会场实拍图

6. 路演体系，把话说出把钱收

那么产品卖点该如何做才能让客户听得到呢？我们会给客户写一份**成交路演稿**，同时设计好**成交的剧本**。绝大部分人上台路演，采用的都是流水账的三段式：

我有什么产品？

我会给你讲什么课？

我的产品好在哪儿？

而我们天禹给肖厂长做的，是销讲式的演讲体系。

第一是开篇式——拉高势能立背书。一个好的演讲，开篇必须把背书立起来，穿上战袍再出战，告诉别人我是谁，有多少私域存量，过去帮助过多少 IP 拿到结果，是谁的顾问。

第二是破冰式——干掉竞争对手。开篇 5 分钟，就必须把竞争对手干掉，告诉现场的观众，同行都只是给你做发售，我却有一个联盟，给你补充流量，让你来变现，只有找我们，成功才是确定的。

第三是论证式——用故事坐实卖点。拿各种案例来论证，比如周宇霖的案例，一个线下 IP 转型线上，流量很少，却破了发售的纪录，为什么？如何给他灌流量？如何给他打造流量力？再举李海峰的案例，一个不会成交的人，流量也一般，但是 IP 自身的势能很强，我是如何给他做到发售 1000 多万的？我们如何给他补充成交力？不断讲故事，穿插知识点，给客户一种"干货感"，同时植入我们产品的卖点。

通过销讲六段式的结构，我们帮助肖厂长把他的干货课件和营销内容做了融合，输出了销讲式交付课。并且根据讲师的"剧本"，输出了完整的PPT。具体呈现方式，可微信搜索"天禹数智"，关注公众号后获取。

本章第三小节，会围绕"销讲六段式"，给各位详细拆解，如何做一场出色的销售演讲。

7. 成交体系，团队式配合收钱

肖厂长的活动，从过去1.68万的低客单，发展到完成了18个百万级的合作项目。1800万单，震惊了整个行业。这个成绩，主要和肖厂长的能力有关系，和我们团队搭建的会销销讲体系，也密不可分。

如果说台上的讲师是"核武器"，那么台下的桌长（每一桌的代表）就是"狙击枪"。如何配合讲师一对一成交，都需要提前培训好。

仅仅靠讲师在直播间、在舞台上输出内容做成交，成交率是很有限的。应该多轮次配合式成交，由团队筛选出意向客户，再由讲师进行一对多成交。遇到相对理性的客户，需要进一步配合战术。

这里，会用到三种常见的成交法。当然，我说的"常见"，是指高手级的讲师才能掌握的。大部分讲师，三招中一招都无法掌握，或者说过去没有系统的方法能让他们掌握这种能力。这三种成交方法是：

舞台感召法——一对多群体式成交。

贵宾室成交——一对多精准式成交。

黄金八问法——一对一精准式成交。

采用以上的成交方法，需要团队配合，需要在会前进行团队培训，培训什么？培训产品的卖点与同行的差异之处。我再次强调，好的产品，业务团队一句话就能讲清楚。没有差异化的产品，团队10分钟都讲不明白。所以，产品专业度很重要，而非成功学派的一味打鸡血。

当团队培训完毕后，谁来做成交？90%以上的品牌企业都会让团队去做。其实，这是错的。为什么？当你分享完，客户刚把信赖建立在你身上。此时，你是高势能，而你的业务团队是低势能。你让低势能的团队，去帮你收高势能客户的钱，这个逻辑不成立。如果讲师是高势能，去面对客户发动成交，高势能跟低势能要钱，那成交率就高多了。

因此，讲师必须具备一个能力：一对多收钱的能力。本书的后面，我们会揭秘多套非常有效的成交方法。

团队配合现场

PART 2　策划千万级销讲

贵宾室成交与黄金八问法

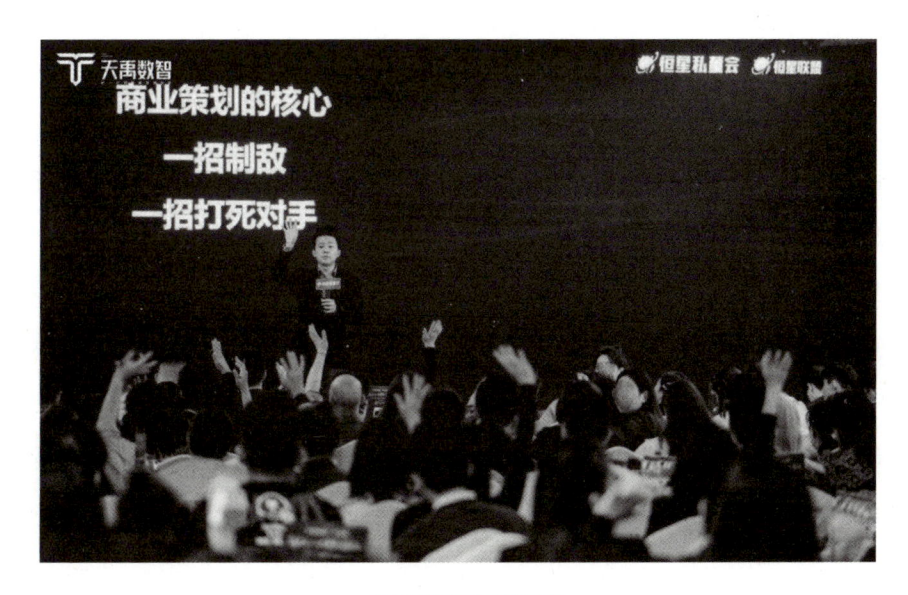

一对多的舞台感召法

8. 追销体系，不放过任何机会

现场成交后，接着是追销环节。我们一般习惯把客户分为以下几类：

（1）快速决策型客户；

（2）理智决策型客户；

（3）情感影响型客户；

（4）被动改变型客户；

（5）无法动摇型客户。

一般而言，一场活动办得好，快速决策型客户、情感影响型客户，以及50%的理智决策型客户，都可以通过会场的感召，选择合作。但还有50%的理智决策型客户和100%的被动改变型客户，他们需要更长的时间去考虑，因此，追销体系很重要。追销团队对客户的跟进，极其重要。

追销业绩可以占到总业绩的30%左右，而黄金收单期只有3天。如何有效地组织追销环节，也是对团队销售能力的考验。现场成交的因素，讲师占70%，团队占30%；而到了追销环节，这个比例，则是倒过来的。

9. 复盘体系，业绩的突破密码

复盘是保证活动迭代且创新的重要方式。我们需要复盘以下几项内容：

（1）如果再办一次，如何提高邀约到场率？

（2）如果再办一次，如何提高现场成交率？

（3）如果再办一次，讲师的内容如何修改？

（4）如果再办一次，如何有效地组织追销？

总而言之，**同样的流量和成本，如何提高转化率和成交率？**

当然，还有一个很重要的工作，就是在复盘中逐一分析已经成交的客户。团队探讨，哪些客户能做，哪些客户不能做。

在这一点上，肖厂长绝对是我合作过的最有商业道德和敬业精神的伙伴。即使面对账上比过去多12倍的现金，他也能客观地分析项目合作的成功率，并主动退回了一半以上他认为自己无法服务的客户的费用。这么高素质的商业伙伴的确不多，这也是支撑他这么多年好口碑的主要原因。

销讲策划，
销讲六段式，收心收钱

有了好产品，就有了一场完整活动的支撑。而活动成功的关键，则在于一场成功的路演。

大部分的老板及营销从业者认为，组织一场好的活动，要找演讲能力强的人。不过，你们可能会发现，演讲者在舞台上唾沫横飞，但一到收钱环节，就异常尴尬。许多人都没搞懂，一场有成交属性的活动，是销售重要，还是演讲重要。必须以销售为主轴，以演讲为工具，结合起来，才能变成销售领域金字塔尖的销讲。

我可以负责任地说，掌握了销讲，即使你单枪匹马，也胜过千军万马。那一场成功的销讲，该如何设计整个分享结构呢？

开口即收钱的 6 个步骤

做销讲的时候,假如你的嗓子都喊疼了,却没有结果,那一定是内容出了问题。

我最开始做销讲,是因为觉得自己的演讲能力强,有语言功底,天赋也不错。但是,听我讲的人很多,买单的人却很少,我开始自我怀疑。有多少人曾经和我一样,一场销讲结束,收益是"0"?虽然收获了全场的掌声,但是收不到钱,情绪难免很低落。

我做了复盘和总结,不断地进行调试:

是激情不够?下次讲的时候就大声一点;

是互动性不够?下次讲的时候就多讲几个段子;

是专业性不够?私下多看看专业性的书,把书翻烂了,知识都烂熟于心。

我以为这样做会有用,但是客户依然不买账。

直到有一次,我在云南讲课,一位听课的大佬说:

"这个老师讲得很好,可我不知道他讲的是什么,也不相信他能帮我解决问题。"

我忽然意识到,我讲的内容,专业性太强了,连大佬都听不懂,更何况普通人呢?他们听不懂,还看不到结果,自然不会买单。于是,我开始梳理自己的销讲模型，和别人比，优点是什么，如何放大？缺点是什么，如何弥补？我逐渐意识到：过去之所以未能取得成效，是因为太专业了。

专业，一定是成交的天敌！

谁可以听得懂专业？是同行。但是，同行是不会为你付费的。而付费的客户，专业知识太多，反而让他们听蒙圈了。所以，好的销讲，不是追求专业内容越多越好，而是要把专业内容砍掉70%，放入一个客户可以接受的语言结构中，让他们听懂比听多更重要。而我，正是因为把销讲六段式给总结了出来，并且融入我的生活中，才成了各领域的超级销冠！

接下来，我一一为你揭秘。

1. 开篇式——拉高势能立背书

一个好的演讲，开篇必须把背书立起来，告诉别人我是谁。

因此，开篇立背书，必须先把自己的背景、过去的成果呈现出来。让别人知道台上的这个人是有料的，让别人相信你讲的话是真的。这叫作"披上战衣再出征"。客户绝对不会接受一个素人在舞台上、在直播间，高谈阔论地讲大道理。

无论是销售还是营销，表面看起来是卖货，实际上卖的是差异点。讲完差异点之后，就是跟同行做对比，最后通过背书，让客户相信你说的话。

开篇式结构解析

名字
专业
成果
案例
圈层

2. 破冰式——干掉竞争对手

开篇 5 分钟，就必须把竞争对手干掉。你的观点，必须降维打击竞争对手。

同行的观点，营销很重要；我的观点，营销压根儿不重要。不能给企业带来实际性业绩的营销，不过是自嗨。只有能给企业带来实际现金收入的，才是真正的营销。

同行的观点，流量很重要；我的观点，流量压根儿不重要。流量不能变现，曝光了自己，增加了负担，徒劳而已。我认为，只有能变现的流量才重要。同行都只会教你做流量，我有能力教你如何找到可以变现的流量。

有没有感觉到，被降维打击了？

销讲开篇，必须以最快的速度让客户知道我的优势是什么，我的观点跟同行有什么不同，这才是触发他们兴趣、打开局面的关键。从开始的立意，就让客户感觉你与众不同。

破冰式结构解析

大众认知	
同行认知	
我的认知	

3. 论证式——用故事坐实卖点

拿各种故事案例，来论证你的观点和维度的确优于同行。在案例中，穿插知识点，给客户一种干货感，同时植入我们产品的卖点。

比如，我是做健康赛道的，我如果一味地告诉你，你一定要养生，一定要为健康投入。这样，别人会认为我是个很低级的推销员，根本不愿意与我交谈。更好的方式，是先给客户讲故事。

我会讲两个故事。第一个故事的主人公过去不注重健康，后来发生重大疾病，最后花费了几百万元才勉强活下来。第二个故事的主人公在身体出现小毛病的时候认识了我，我给他规划了一个健康方案，大约三个月的时间，他的身体指标趋于正常，几乎恢复到了正常人水平。基于这两个故事，我不用再多说什么，我的客户已经在心里开始了自我说服！

好的论证，是在故事中呈现真实性，论证有专业性。客户不喜欢听你讲道理，客户喜欢在故事中自己悟出道理。

论证式结构解析

一、讲结果	
二、抛场景	
三、立价格	
四、破抗拒	
五、讲方法	
六、留伏笔	
七、做确认	

4. 收心式——让客户不得不相信你

在活动成交前,要把公司势能、公众背书都集中式呈现,把客户的信赖感拉满。

因此,需要把你多年的案例和荣誉,整理成案例背书、荣誉背书、名人背书、媒体背书、科研背书……

我要告诉大家,政府相信我、媒体相信我、专家相信我、各大组织相信我,你想求证的,早就有人帮你求证完了,因此,你也应该相信我。

收心式结构解析

官方背书	
名人背书	
案例背书	
媒体背书	
成长背书	
资源背书	

5. 促单式——让客户有赢的感觉

所有的客户都希望花更少的钱能买更多的东西。给客户打折，其实对品牌是一种伤害。如何在不打折的前提下，让客户感觉自己得到了实惠？那就需要用促销组合。

举例来说，我花 1 万元，可以买到产品 A、B、C。如果把三个产品介绍完，报价 1 万元。客户一定会问：能不能再优惠一点？

如果掌握促单式，你可以把 A 塑造到价值 1 万元，B 和 C 各值 5000 元。今天，你买单，1 万元，买 A 送 B。如果是现场前 100 单，再额外赠送 C。

价格设计，要掌握客户的期待值管理和促销的艺术。

促单式结构解析

市场价	开始就铺垫，论证有价值
优惠价	价格有优惠，破观望防线
完款价	限额送礼，促现场抢购

6. 收钱式——现场收钱

把政策讲清楚，营造价值感和稀缺感，告知客户现在买和以后买的区别。并且用一对多的成交方式，完成收钱的动作。

以上内容就是我的销讲六段式。

曾经失败的销讲经历告诉我，学习销讲，从来不是一日之功。如果没有正确的方法，你学 10 年，都无法掌握这门学科。有了正确的方法，那是一日千里。

后面的章节，我们将从整体设计进入具体的方法论，从宏观进入微观。我很有信心，接下来的若干年里，这一定是你肯花时间、花精力反复阅读、反复琢磨的一本书。你只有在事业发展的不同阶段，才能把这本书嚼出更多的味道。

PART 3

开篇式:
开口就起势,
开口收人心

我们先来做个小小的测试，从而感受一下，演讲派和销讲派之间的差异点是什么。

接下来的这个训练，你会感受到销讲派的"可怕"之处。你会明白我们是如何做到，去任何场合，只要一开口，1分钟就可以吸走70%的流量。没开玩笑，就是让现场70%的人，一听你讲话，就主动跟你要微信。

1分钟自我介绍，极速出圈

一个1分钟出圈的自我介绍之后，才有机会再获得3～5分钟，用于跟别人讲清楚你的业务；有了这3～5分钟，才有机会再获得20分钟，和别人单独碰面，聊商业合作的细节；20分钟的单独碰面之后，才有机会换来第一张订单；有了第一张订单，才有可能换来未来10年，甚至20年的合作机会。

这样看来，一切销讲的前提，就在于1分钟的自我介绍。它决定了流量有多少，决定了有效客户有多少，决定了能否踏出商业合作的第一步。

自我介绍，要突出价值

很多人之所以做不好自我介绍，是因为他们对自我介绍有所误解。自我介绍的本质是价值的联结。人与人之间之所以能建立联结，一定源于彼此有利用的价值。

以往的自我介绍，关注点在于名字的含义、特征等，为的是让别人记住自己的名字。

如今，所有的成年人都在思考以何为生。大家研究的是，彼此的联结有没有商业价值，能不能从对方身上获取利益。即便你的名字很好听，很有意义，可对方没有找到和你的联结点，也没必要认识你。

拿我的出书合伙人刘 Sir 举例，一开始，他的自我介绍是这样的：

> 我叫刘杰辉，刘少奇的刘，杰出的杰，辉煌的辉，父母希望我事业杰出，成就辉煌。

这些信息，是父母对刘 Sir 的期待，那跟别人有什么关系呢？这种老派的自我介绍，几乎没有任何商业价值。我们试着修改一下，短短 1 分钟的自我介绍之后，他就会成为闪耀的明星。出圈的自我介绍，是这样的：

> 我叫刘杰辉，专门为商业人士出书，可以通过一本书让 100 万人认识你。我已经为数百位商业人士出版过书籍，其中不乏百万级销量的图书。李开复先生、乐嘉先生、罗振宇先生等，都是我的合作伙伴。

PART 3　开篇式：开口就起势，开口收人心

不会写书的人，我能用聊天的方式帮你形成 10 万字的书稿；会写书的人，我可以帮你完成百万销售破圈。如果你愿意把自己人生的故事和感悟用 3 天告诉我，我就能在 180 天内，给你一本可传承的图书，记载着你的知识与智慧。你的生命，值得被更多人记忆。

我想问，读完这段自我介绍，是否愿意和刘 Sir 成为朋友呢？

自我介绍，三个"讲清楚"

做自我介绍之前，假如你连对别人的价值都没想清楚，连自身的优势都没想清楚，连自己做的生意对社会有什么意义都没想清楚，那你就没有必要张口，也不要期待产生高价值的联结。

一个出圈的自我介绍，应该包括以下三个必要信息。

　　1. 你在做什么？
　　2. 做到什么程度？
　　3. 你能给别人带来什么价值？

在回答这三个问题时，要围绕两个核心，一个叫"竞争理念"，随时回答你跟别人的区别是什么；另一个叫"背书原则"，即回答别人凭什么愿意相信你。

还是拿刘 Sir 举例。在国内，可以帮人出书的老师有很多，比如，

媒体转行的人可以出书、做杂志宣传的可以出书，刘 Sir 只是众多出书人中的一个，为什么非要找他？

他的自我介绍已经有了回答：他可以用聊天的方式，帮助商业人士出版可"破圈"的书籍。

这样一来，刘 Sir 跟其他出书人的定位就有了很大的区别。

给商业人士出书的人也很多，现在他只是让别人更清楚他是谁，但没有讲清楚他的竞争优势。

这时候，就该讲他的背书了：

> 我已经为数百位商业人士出版过书籍，其中不乏百万级销量的图书。

这就建立了他的信用背书和人设价值。

还有一个非常关键的信息，就是：

> 李开复先生、乐嘉先生、罗振宇先生等，都是我的合作伙伴。

刘 Sir 竟然给这么多名人出过书，他的实力毋庸置疑。

这三个论据，很严谨地证明了刘 Sir 的可靠性，想出书的商业人士，十有八九会找刘 Sir。

营销到了后期，卖的已经不再是产品，而是案例、背书和知名人士的信任了。越到后期，越多头部客户来找你合作，这样才会有虹吸效应。

PART 3　开篇式：开口就起势，开口收人心

自我介绍，你还要注意什么

我经常跟别人讲，任何商业人士，在出道的那一刻，一定不要想能赚到多少钱，而要想能获得多少头部客户的青睐。一个商业人士，只要有三个背书，就能被托举起来。有了高势能，就可以把收费提高 10 倍。

当然，背书及自我介绍，都要遵循一些原则。否则，就会适得其反。

1. 真实性。千万不能说假话。在信息如此发达的时代，所有事实都是有据可查的。

2. 头部案例要大。案例中的客户最好尽人皆知。一个大案例，抵得上 1000 个小案例。

3. 数据性，有数据可依。数字比文字更有说服力，数字呈现出的结果，更容易打动人。

以上这几点，只是回应了你是谁，你能为他做什么。还要回答一个问题：别人为什么现在要与你结缘？这时，就可以考虑赠送礼品。

比如，可以送一些引流品。如果是刘 Sir，可以赠送 20 年积累的出百万畅销书籍的方法论，或者分享几个普通人如何通过出书改命的技巧。

很多人总觉得，自我介绍是要把自己介绍给对方，这其实是自嗨。真正的自我介绍，只有一个目的——让对方觉得他需要你。

所以，自我介绍肯定不能只有一个固定模板，在不同的场合，面对不同的客户，要从客户的思维反推，做适当的调整。

比如，我是营销导师的身份，就要让客户感觉到我能帮他赚钱；当

我扮演父亲的角色,去参加孩子的家长会,就要更多地和大家分享自己育娃的经验。

在不同场合下,自我介绍的模板要差异化。下面,我给大家介绍几种常见的自我介绍的模板。

(1)销讲型自我介绍。

销讲型自我介绍模板

你的名字	直接干脆,不用解释
做什么的	为谁提供 ×× 产品(服务)
权威验证	×× 时间、×× 成果、明星案例
给人价值	与主业有关(省时、省力、省钱)
	与主业有关(专业、高端、稀缺)
	突显人格魅力(大气、亲和、谦虚)
发动感召	机会、现金

（2）企业家聚会自我介绍。

企业家聚会自我介绍模板

你的名字	大家好，我叫周宇霖
做什么的	过去13年为企业提供营销服务，专门帮助企业家站上舞台，开口就能收钱、融资、招商、卖货
权威验证	我已经帮助过756个老板落地千场招商活动，助力100家企业营收破亿。国际头部电气品牌西门子、博世，百亿科技企业飞算，抖音头部网红大蓝，都是我的辅导对象
给人价值	我为这些头部董事长设计的演讲稿，都是基于心理学、逻辑学、销售学设计的，开口收钱，不管你是什么行业的，我都可以送你一套，让你不用自己绞尽脑汁去想
	未来你想要做线下会销，我们有一套会销SOP（标准作业程序），是从红酒、白酒、家电、家居、知识付费等千万级会销实战中总结出来的，让你轻松hold住千人大场，也可以送你，让你不用自己去试错
	未来你到深圳，如果你想要一个小兄弟周宇霖，我愿意亲自接待你
发动感召	我陪伴学员走过了6年，帮助他们从百万到千万，直到破亿，知悉他们每个阶段突围的关键，如果你面临卡点，相信我一定能给你建议

（3）销售员求职面试自我介绍。

销售员求职面试自我介绍模板

你的名字	面试官好！非常荣幸能够参加贵公司的面试，我叫×××
做什么的	我本科就读于×××学校。我既是一位资深销售顾问，也精通销售管理
权威验证	过去5年，我曾就职于行业头部××公司的销售总监岗位，个人成交订单累计千万，×××、×××等头部公司都是我成交的客户。我1年就晋升为销售经理，培养出了100多个优秀的销售员工。 如果能加入贵公司，我能立刻提供以下三大价值……
给人价值	我沟通过10000+客户，结合人际关系学、性格学、心理学，总结出一套"销售见面20秒的识人术"，团队反馈准确率高达95% 销冠复制的全套培训体系和考核标准，一个普通销售如何从小白进阶成销冠，5大阶段和36个考核进阶指标，以及匹配的5套培训的课件体系。这套培训系统，最快只用了48天的时间，就把一个刚入职的销售小白培养成了销冠 当然，我还是一个深圳本地人，对每个区好吃的、好玩的地方都很熟悉，如果未来有机会跟您共事，不管是团建还是宴请领导，我都能给您靠谱的建议
发动感召	在我的上一家公司，从千万到破亿，我帮助部门搭建了从0到1到100的体系，能够准确把握每个阶段的工作重心。如果你认为我的能力对贵公司有价值，可以把我纳入您优先考虑的范围内

PART 3　开篇式：开口就起势，开口收人心

关于自我介绍，我很想对大家说，一个成功的自我介绍，就是成功人生的展示。

如果你对这个方法的实用性有所怀疑，你不如直接按我提供的模板，修改你的自我介绍内容，然后展示给不同的陌生人，看看陌生人与你联结的数据，你自然就会意识到，过去，由于你没有用我的这种有结果的自我介绍，你错过了多少机会，丢失了多少缘分。

5分钟开篇演讲，
成为焦点

一个 1 分钟出圈的自我介绍之后，才有机会再获得 3～5 分钟，用于跟别人讲清楚你的业务。而这 3～5 分钟的内容，又决定了接下来客户是否会离场，是否愿意聆听你的完整分享。

一个好的开篇演讲，必须围绕价值点。要让听的人觉得，你的存在能满足他的需求。并且，在你的演讲当中，让对方感觉到他有知识盲区，而这个盲区，恰恰是你能给他补上的。你，就是关键的价值点；你，就是吸引客户关注的焦点。

我特别喜欢用以下的结构去做销售演讲的开篇。只需要把自己的专业和过去的成绩填进去，就能形成一个强有力的开篇。

PART 3　开篇式：开口就起势，开口收人心

开篇式结构模板

名字	
专业	
成果	
案例	
圈层	

怎样让别人快速认识你

以上的模板，我试着填一下：

开篇式结构模板

名字	周宇霖
专业	13年营销策划经验，10年营销讲师生涯
成果	操盘过年销售额 6.7 亿的咨询公司，个人舞台累计推广 5 亿＋
案例	13 个互联网头部 IP（大蓝、肖厂长、陈晶……） 1000 家中小企业（XX、XX、XX……） 5 万＋线下学员（零售业、服务业、教培业）
圈层	收费 38 万企业，社群 756 人

（以上数据为举例说明，和实际数据有偏差）

各位读者,感觉一下,如果把以上的内容做成PPT,图文并茂地呈现,效果会怎样?在台上介绍自己过往的经历、案例和背书,能让演讲者在开篇时就能获得高势能。并且,你已经快速回答了以下问题:

我是谁?
我是做什么的?
凭什么你要听我讲?

这时候,你再展开内容讲解,是不是更有说服力?

开篇演讲不仅在销讲的舞台上可以用,在聚餐等介绍自己的场合也可以用,都可以给你带来较大的影响力。

比如,我之前参加过北京众多知识IP组的一个饭局,那对我来说,是一个全新的社交。毕竟,我以前只和实体老板打交道,看着众多抖音、视频号千万级别的网红,而现在,粉丝数量,才是他们社交的基础名片。我几乎没有在短视频平台深耕过,对他们来说,我可能就是个陪衬品。

在聆听他们高谈阔论的时候,我一言不发。只吃饭喝茶,面带微笑聆听每个人的观点。饭局总免不了自我介绍,每个大V都把自己的社交名片做了呈现,收获的是一阵阵掌声。而谁都没想到,我这位陪衬者,因为一个自我介绍,让这群大V重新认识了我,并且纷纷主动加我微信。有的大V还直呼我大哥,纷纷到我公司拜访,并且在接下来3个月,都和我公司签订了合作协议,邀请我担任他们的营销顾问。

可以说,我去任何场合,只要我开口,现场的势能和位置,都会发

PART 3　开篇式：开口就起势，开口收人心

生逆转。你想知道当时我说了什么吗？

当天，我倒数第二个做自我介绍：

> 大家好！我叫周宇霖，是今天最后一个分享的老师，我不是网红，没有粉丝，在线上，你们都是我的老师，我要跟你们学私域，学直播，学拍短视频。（自我介绍，认可 IP 们的价值）
>
> 我个人的专长，是线下招商和销讲，能把优质产品的业绩翻个 10 倍、20 倍，通过一场活动完成 1 个月乃至半年的业绩。我一直是线下派的人，在线上毫无名声。但我对知识付费并不陌生，现在的知识付费，以前叫培训；现在的陪跑，以前叫咨询。在 2018 年、2019 年，我们做了一个细分赛道的冠军，年营收是 6.7 亿元。（专业和成果展示）
>
> 其实，我觉得，今天掌握线上流量的知识博主，都蛮可惜的。过去，我们仅仅靠客户转介绍和传统的开发，1 年不到 1 万个销售线索，就能变现好几亿元。而你们每个人，可以接触到的客户是几百万、上千万。但仅仅变现 1000 万～3000 万元就已经是这个行业的头部。如果，你们的流量让我们这些掌握了线下变现模型的人使用，我估计，1 年的变现，保底在 10 亿～20 亿元。（植入痛点）
>
> 我曾经把这套方法，给了当时只有 580 万粉丝的博主大蓝，帮助他的单场变现从 100 万元提升到 1000 万元。
>
> 我曾经把这套方法给了私域头部肖厂长，帮助他从单场变现 150 万元提升到 1800 万元。
>
> 线上如何找流量，是我的盲区，但线下如何玩转流量，我研究了将近 13 年，我可以助推大家升级商业模式。（头部案例呈现）

如果各位大V，想要知道知识付费行业如何破亿，像传统商学院体系一样，把流量更大幅度变现，我可以把过往的经验，与各位分享。要知道，这个行业已经存在了将近20年，以前做线下，讲究论资排辈：1亿以下的是'入门级'，3亿～5亿元的叫'头部'，10亿元以上的叫'顶流'。而过去年营收3亿元以上的头部知识付费IP，95%都是我的朋友。有了老培训的变现模型，再加上各位的百千倍流量，足以支撑10亿体量。（释放圈层资源，增加压迫感，拉高自己势能）

如果有需要，我能给各位提供三大价值：

1. 早在2018年，我就已经在线下做到100人单场成交2000万元。这样的销讲模型，都有可以复制的公式，如果需要，我可以提供给各位。

2. 知识付费增长最大的卡点，是交付。什么产品能卖，什么产品不能卖；什么产品交付可复制，什么产品交付不可复制，我们探寻了13年。如果你的交付模式不能批量化，终局就是困在1亿元以下。如何轻松突破，我也可以与各位分享。

3. 讲个沉重的话题。其实，知识付费的终局，就是爆雷！为什么？IP路径只发展了3年，而培训行业已经发展了将近20年。卖知识的公司，有个很大的Bug，无论你投入多少交付，你相不相信，今天对你们很感恩的客户，3年之后，很可能会反过来跟你要钱，要你退费，给不了，就要告你。我们知道如何预防知识付费爆雷，如何预防客户恶意退款，如何预防团队内部人员抄袭你之后另立门户，如何预防各种法律纠纷等，还有很多其他的操作方法，我们都有标准的解法。（给听众非和你合作不可的理由）

PART 3 开篇式：开口就起势，开口收人心

以上我沉淀了13年的方法，都可以和大家共享。但前提是，你们一定要教教我如何玩线上。感谢各位。(谦虚话术收尾，解除背书的压迫感)

怎样让别人必须认识你

为什么我只讲了几分钟话，就能扭转局势，让众多大知识IP全神贯注地听我说呢？

一般人在演讲的时候，都尽可能把自己的优势呈现出来。这类人，往往是夸夸其谈，喜欢掌握社交场合的主动权。但在我的评估体系中，他们最多算是二流选手。

而一个销讲老手，满脑袋都是客户思维，我们这类人，从来不会做第一个发表想法的人，而是充当一个聆听者。聆听什么？聆听现场人的背景、过往，从而推演出他们的痛点和需求。

我的存在，并不是可有可无。而是，我的存在，一定是你们的刚需。所以自我介绍，需要聆听完别人的分享，再快速组织语言，从而达到出口收人收心的效果。

我与各位解剖下，我当时分享这段话的思维模式。

说话的时机选择，必须靠后。我选择倒数第二个发言，为了能听到所有人的自我介绍。

结果发现，大部分人的收入，都是在到了1000万～2000万元时就陷入瓶颈。大家都在研究如何提高流量变现率。大家都想尝试线下场

景，他们都花很多钱举办线下活动。但是在完成交付之后，并没有后续升单，这是很多人的一个痛点。

于是，我给了他们一组对照数据，我们在线下1年做到6.7亿元营收，所有的变现，线下是线上的10倍。也就是说，线上赚1000万元的IP，应该要赚的是1亿元，这就戳到了他们的第一个痛点。而我这里，有他们需要的线下变现方法。

而且，几乎所有人都在谈论搞私董会、"圈子"文化，我开篇直接告诉他们，所有的"圈子"文化最后都会爆雷，这就戳到了他们的第二个痛点。至于预防爆雷的方法，我这里也有。

我就是消除了他们的两个痛点，让他们觉得我很有价值，才非加我的微信不可。

这再次说明，**如果演讲的内容和听众的需求不符，听众确实很难集中注意力。如果演讲的内容正是他们需要的，直戳他们的痛点，效果明显就不一样了。**

5分钟开篇的具体操作

那么，5分钟出名的开篇演讲，究竟应该怎么做？

1. 出圈的开篇演讲具备哪些要素

（1）你的话，能否刺激对方的痛点？

（2）你的话，能否满足对方的需求？

（3）你的话，能否让他和你产生未来的合作关联？

2. 如何把控时间和节奏

（1）2～3秒，讲清楚名字。

（2）3～10秒，讲清楚你做什么，能为谁解决问题。

（3）30秒左右，讲清楚你过去的背书及权威案例。

（4）30秒之后，围绕着给客户产生的价值设计内容。

3. 讲过去的背书和权威案例的目的

（1）让人感觉你在这个领域有沉淀。

（2）让人知道你这么多年做了多少事。

（3）让人知道你拿到了多少结果。

（4）让客户反推出来，认识你不仅能获得知识，还可以获得一批可用的资源。

再次强调，开篇式结构表格是一个非常好用的工具，一定要用起来。关于开篇演讲，我想说，**立起背书再开口，没有权威不讲话。**

那么，你过去的自我介绍，别人愿意听吗？为什么呢？

如果不愿意听，哪些方面有所欠缺？请分析一下。

20分钟创业体，立住人设

如果你有机会，可以用2～3个小时进行分享，不妨使用一个很高级的开篇演讲方式——创业体。

创业体的开场，沉浸感非常强。举个例子，今天，我要卖销讲课，我一定会讲一个故事，比如：

> 过去，我曾经和各位一样，因为不会运用销讲体系，依靠一对一的销售，只能做到年入20万元。当看到有人掌握了销售的顶级方法"销讲体系"，单场活动为公司创收百万千万元，一场提成几十上百万元，我就想去探索。而整个过程中，我遇到很多挫折、坎坷，经历九九八十一难，最后才获得这套方法，从而使得自己的事业指数和生活指数几十倍地提高。

当你讲了一个从草根逆袭成了头部的故事，客户就会想：我是否也能跟他一样？

讲师在讲的时候，要展示出自己的高光时刻、低谷时刻和内心挣扎、奋斗的情况，最后给客户一个结论——听话照做，不久之后，你会拥有和我一样的成果。

创业体开篇，适合谁

这个方法，适合于 IP 在线下以课程的方式讲，而不适合短时间的路演。

20 分钟开篇式演讲的逻辑，要抓住一个点：学员短时间内到底能不能学会？

这个问题，是所有人在学习课程的时候都会浮现在脑海中的。

在学员眼中，所有能讲课的老师，都带着明星光环，他们会给老师贴上天赋的标签，好像只有老师才能做得好，拿到结果。

老师讲创业式的开篇演讲，就是告诉学员，我跟你们一样，我只是把自己这么多年走过的历程、花费的心血、摸索的结果，浓缩成这两三天的课程，分享给你们。可以说，你们花两三万元学的这堂课，实际是我花费几百万元总结出来的。

创业体，还适合知识博主和知识付费的创业者，以及品牌方的沉浸式招商。

如今，创业体最典型的用途，就是主播在直播中讲自己的故事，以此来吸引粉丝。发售时写的发售信，也是一篇典型的创业体文章。

创业体设计，四段论

一篇创业体演讲是由几个基本部分构成的，它们是不可或缺的重要元素。

A 面：高光时刻。说数据，讲讲自己现在有多牛。

B 面：过去很惨。摆事实，回忆自己当年有多 low。 比如，和学员讲，我以前比你负债更多，你才奋斗了 1 年，我摸索了 3 年。

C 面：如何逆袭。讲总结，异彩纷呈地讲逆袭的故事。 在讲故事的过程中，每讲一段就要输出一个价值观或者观点。逆袭的故事分上篇和下篇，上篇以"鸡汤"为主，下篇以案例为主。这些案例讲的就是你帮了哪些人，案例中提到的人物从大到小，先讲大案例，再讲小案例，大案例就是你帮过谁，解决了什么问题。小案例就是一个普通的人因为你的帮助，也能取得结果。目的就是告诉学员，这些方法可复制。

使命感结尾： 最后衍生出一个使命，想用这样的方法帮助更多的人，让他们受益。

如果是一个 20 分钟的开篇演讲，我会说：

> 上个月初，我通过一场销讲课的发售，3 天靠直播完成了 621 万元的业绩，打破了整个线上的发售纪录。月末，我开了一场线下课，完成了单场 1500 万元的变现。22 人的团队，1 个月，完成了超过 2000 万元的变现。人均效益是同行的 5～11 倍。
>
> 很多人说，他们羡慕我有这样的高光时刻，但是他们没看到，在这之前的 3 年里，我一直都试图转型，但不得其果。
>
> 甚至于，我差点儿破产，第一次创业失败，赔了 1000 万元；

第二次创业失败，又赔了 1000 万元；第三次创业，我偶遇了自己的贵人，才从泥沼中爬出来。我经历过很多至暗时刻，跨过了很多艰难险阻，才逐渐解锁了很多能力，让我立于不败之地的，是沉淀了 13 年的销讲能力。而这段时间的历练，让我把销讲能力和商业思维结合，开启了创业者必修的三种能力：融资能力、招商能力、卖货能力。

自己拿到结果之后，我开始把这些能力复制给别人。我希望，每个人掌握了销讲，都可以在创业路上立于不败之地。如果有可能，我也希望把这些能力传递给在座的各位。

讲的时候，我用的是"回顾法"。讲我这一路走来的过程中那些悲惨的故事，讲我不希望在座的人像我一样走那么多弯路。这样的演讲，更有代入感，更能打动客户。

我有一个卖牛肉酱的学员，就用了我的这套方法，结果大获成功。

开篇演讲一开始，大屏上放了很多她高光时刻的照片。包括她获得的各种荣誉以及网红主动给她带货的场景。这样，她就有了强大的背书。

在照片的映衬下，她娓娓道来，开始讲自己的故事：

A 面：高光时刻，释放自己的背书。
B 面：过去很惨。

"决定创业之前，我即将退休，创业的决定遭到家人反对。

"一是因为我的创业能力相对薄弱，只懂得做好的产品，不懂得现代管理。

"二是因为我所在的地方招不到高级管理人才,企业管理、厂房管理都有问题。

"家人觉得,我这么大的年纪,每天既要操劳如何卖产品,又要操劳如何对接产品,还要操劳如何把控产品。每天要付出的时间、精力,将会数十倍地增长。而且,真的决定创业的话,我几乎就没有时间跟自己的孩子在一起,跟孙子之间可能也没那么亲近了。

"但是,我冲破阻碍,还是走上了创业之路。不为别的,只因为我看不得那些劣质产品充斥市场。创业几年间,我亏损了数千万元,但我从没想过放弃。作为老一辈的企业家,我确实不懂直播,不懂带货,不懂短视频,我想不明白,好的产品为什么没有市场?难道真的要退出舞台、退出市场吗?"

C 面:如何逆袭。

"后来,在我的企业即将崩盘的时候,恰好旧房改造,我的旧厂房被征收了,赔偿了几千万元。我还清了债务,手里还有一部分余款。孩子劝我说,别干了,踏踏实实养老吧!

"我没同意,决定继续创业。我创业,不是为了赚钱,而是为了让所有的孩子找到回家的路。未来,孩子从家乡走出去,可能去留学,可能外出打工,很难回家一趟,带着我的产品,就能尝到家乡的味道。当然,我也有私心,我正在创业,陪不了家人,希望能让自己产品的味道陪伴家人。"

使命感结尾:"于是,60多岁的我,开始学习直播、数字化营销、短视频。这就是我的使命,把自己的品牌留给这个行业。"

她的故事，不仅感动了自己，而且现场的很多人也热泪盈眶。在这种情绪的影响下，她的销售额轻松达到了几十万元。

一个牛肉酱，在没有被渲染前，就是一个和别人拼价格的产品，但是通过创业体渲染之后，牛肉酱背后存在的，是创业者对食品安全的坚持，这是一个老人对自己产品的发心，它就变得与众不同了。

创业体发心，是关键

写时长 20 分钟的创业体演讲稿，很重要的一点是，要用发心来贯穿整篇文章。

如果没有发心，很容易让内容变得过于功利。但如果能把发心融合好，它会变得更感性，大家会更愿意为产品买单。

可以说，**创业体其实就是生命灵魂体，生命灵魂体也是一种价值观的提炼。**

如果没有发心和理念，没有故事，创业体演讲确实很难。而且要注意一点，真诚很重要。真的假不了，假的真不了。

20 分钟创业体演讲，首先是对自我的一次复盘，是强调自己做事情的初心，是一次对自我的灵魂拷问，其次才是结果。

反过来回想一下，就不难发现，做这件事情本身就是一个探索自我价值和使命的过程。所以我总说，销讲是真实还原术，而不是骗术。

> **20 分钟创业体演讲小贴士**

（1）贴出大量的照片，同时保证照片的真实性；

（2）贴出来的照片能形成一个故事轴；

（3）保持激情昂扬；

（4）轻描淡写地讲故事，让客户和你的情绪同频，特别在你处于低谷的那一段，让他感同身受；

（5）千万不要陷入"自嗨"，别把自己塑造成超人，像一夜觉醒之类的故事，别人是不想听的，而且要想办法论证它的合理性；

（6）讲的过程不能太空洞，要有案例和图片展示，否则就是没有讲 B 面和 C 面；

（7）讲的时候注意场景感。

有人会问，为什么要用写爽文的方式写创业体演讲稿？因为它符合心理学结构。客户看产品时，决定他们能否看进去的，是他能不能成为故事的主人公，他觉得自己是主人公，演讲就成功了一半。

你看一篇富有感染力的文章的时候，是不是也希望自己是故事中的主人公？这是同样的道理。

要记住：任何人做任何销讲，超越产品的一定是使命和发心。

请你想一想：自己的使命和发心是什么？

PART 4

破冰式：
开场破观念，开口即王者

开篇式一起，要让客户知道你的背景、你的结果，要给客户继续听你分享的理由。

然而，我们必须清楚，客户观看你的直播，或者参加你的线下会议，他们到底在听什么。

有人说，在听故事；有人说，在听案例。告诉各位，都不是。客户听的，是你的观点。如果你的观点和对方一致，会引发共鸣；而你的观点和对方矛盾，就会产生冲突。

请问所有读者：**在销讲的世界中，是观点一致容易让客户成交，还是观点不一致容易让客户成交？**

我相信，大多数读者会选择前者，认为观点是一致的才会买单。其实，这是错的。这不是一个非 A 即 B 的选择题，而是寻找第三个答案的分析题。

如何理解

举例来说，有一位健康管理专家做线上直播或线下讲座。他抛出一个问题：喝酒是否伤肝？一般来说，会有两个答案：

答案 A，伤肝。这是尽人皆知的答案。如果我的观点也是 A？是不是代表了，我让大家以后少喝酒，甚至不喝酒？请问，我和一般的健康管理专家有什么区别？我的维度和客户、竞争对手的维度都是一致的。

答案 B，不伤肝。这明显是一个错误的引导。然而，这个和听众观念完全冲突的答案，可能会激发客户的兴趣，他们很想听下去。认知反差，是留住客户最好的方式。但如果你讲不出酒不伤肝的原因，纯粹瞎掰，客户对你的好感度就会急速下滑。

如果我是这位健康管理专家，我会说：

大家要进行健康管理，要不要禁酒？很多人说"要"，为什么？因为酒伤肝啊！但我的会员，我从来不会要求他们禁酒。为什么？因为喝酒伤肝的罪魁祸首是酒里的乙醇，如果你可以在喝酒后立马把酒中的乙醇分解掉，酒就不伤肝。如何分解，靠酒后三糖。哪三糖？晚点告诉大家。

众多健康专家，为了让你们身体的各项指标恢复正常，采取的方法全是忌口。问题是，人最大的幸福和快乐就是吃。如果这个要忌口，那个也要忌口，人生就没有幸福感。

身体没病，心理有病。所以，让你忌口的健康管理专家，未必是好专家。真正的健康管理专家，一定是按照你的生活方式，去研究你的饮食习惯和生活习惯，了解那些对你的身体造成影响的东西，然后通过食物平衡原理，去化解它们。

有没有看到？我的开场，直接打破了听众原有的认知，引出了新的内容：如何喝酒不伤肝？我思考的维度超越了听众的原有认知，听众才愿意听我的观点。我把自己的专业人设立了起来。作为客户，平心而论，你更愿意接受哪个专家给你做健康管理？我的产品，是不是开篇就呈现出了和同行的差异之处？

所以你应该意识到，破冰式到底有多大威力。破冰式一出，**干掉竞争对手**。开篇 5 分钟，必须把竞争对手在客户的心智中干掉，你的观点必须降维打击竞争对手。

再回过头来看看我前面分析的案例：

同行的观点，营销很重要。我的观点，营销压根儿不重要，不能给企业带来实际性业绩的营销，不过是自娱自乐。只有能给企业带来现金收入的，才是真正的营销。

同行的观点，流量很重要。我的观点，流量压根儿不重要，流量不能变现，曝光了自己，增加了负担，徒劳而已。我认为，只有能变现的流量才重要。同行都只会教你做流量，我可以教你如何找到可以变现的流量。

你有没有感觉到，被降维打击了？

销讲开篇，必须以最快的速度，让客户知道你的优势是什么，你的观点跟同行有什么不同，这才是触发他们兴趣点、打开局面的关键。从开篇的立意，就让客户感觉到你与众不同。

3 套破冰方法，专业升维定地位

破冰的目的，就是拉近讲师与听众之间的距离。破冰的方式，有以下这三类：

（1）娱乐型破冰；
（2）互动型破冰；
（3）专业型破冰。

娱乐型破冰——与讲师的关系

娱乐型破冰，就是讲师上台，通过唱歌、跳舞、讲笑话，或者来一段脱口秀拉近与客户之间的距离。这类破冰，面对大众客户，是蛮好的。但是，针对商业变现，这类破冰模式显得不够稳重。也很难一开篇就区分你和竞争对手。这样做的话，与客户联结的，是你这个人的风趣，而非你分享的主题。

互动型破冰——与话题的关系

互动当然很重要，不过，很多讲师喜欢一上台就开始发问。

我曾经参加过一个品牌方举办的招商会，邀请了一个很出名的营销大师。大师一上台，直接发问：

"各位朋友，你们知道，2024年，一个可以做到千亿市值的商业模式，是什么吗？"

原本他以为，他的提问可以引发现场客户的回应。结果，全场鸦雀无声。于是，他又说了句：

"请问现场的朋友，你们知道什么是'STBTC'模式吗？"

现场又是鸦雀无声。我估计，现场能听懂这模式的，估计就我一个。这个老师犯了什么错？对大众客户讲过于高维的话。这个营销专家，就是典型的伪专家。你做任何分享之前，不调研听众群体，不调研人群画像，直接噼里啪啦一顿输出，这不是让自己难堪吗？

后面上去了一个成功学老师。虽然我一向对成功学派的老师很反

PART 4 破冰式：开场破观念，开口即王者

感，但不得不说，在品牌方的招商会中，成功学老师开场的发问，对现场招商有极大的帮助。只见这位老师，西装革履，一上台，开口就问：

"现场的姐姐们，你们有没有想象过，假如我现在给你银行卡里存100万元，你要怎么花？"

你看，这个发问就很有意思了。现场参会的准代理商，纷纷表达：我要买车，我要换房，我要买钻戒。他的互动型开篇，成功让听众融入了话题。接着，他第二句话是：

"那各位，有没有想过，你这100万元是怎么来的呢？今天只要听了我1个小时的分享，我可以确保你年底有90%的概率赚到100万元，要不要给我点欢呼声，让我给各位揭晓答案？"

于是，一个微商品牌的招商之旅就开始了。

从上面看，互动型的开篇，发问的内容不在于是高维还是低维，而是要适配现场客户群体。要快速建立观众和讲师的联结，把观众带入讲师的话题中。

当然，以上的方法，观众还是停留在讲师的话题中。你试想一下，今天的听众，谁没有经历过多个竞争对手植入的信息？如果你分享的内容，只是让别人感兴趣，但无法超越对手的观点，结果就是，会议很热闹，成交很惨淡。

因此，最强的版本，还是专业型破冰。

专业型破冰——与竞争对手的关系

一个人的认知，会受到价值观、知识结构、生活经历等因素的影响。而且一旦形成自己的认知，看待事物和现象的态度就会相对固化。

客户的购买行为如何产生？关键在于，你能否把自己的观点放进消费者的认知中，从而让他粉碎自己的观点，去接受你的新观点，进而为新的观点付费！这时候，就不是你和客户的关系，而是你新的观点和客户脑海中已埋入的竞争对手观点的竞争关系。

举例说明，假设我是教育专家，我想成交一个家长，让他把考试不及格的孩子交给我辅导。我首先要做的，就是培养孩子的自律性。我输出的观点是：只有自律的孩子，才能自我学习，自我提分。

而此时此刻，我要说服的压根儿不是眼前的家长。如果这个家长没有接触过我的同行，我有可能会成功。因为我植入了更高维度的观点。但这个家长，已经接触了 A、B、C 机构。我只输入认知是不对的。因为他脑海里，已经有三个并列的认知，造就了客户的判断能力。

  A 机构告诉他：孩子分数低，是学习方法问题。
  B 机构告诉他：孩子分数低，是孩子情绪问题。
  C 机构告诉他：孩子分数低，是天赋问题。

我的对手是谁？是 A、B、C 三个机构的观点。我必须先破碎它们。

因此，我必须告知家长：A、B、C 的观点都有道理，但都不是关键。为什么？

PART 4　破冰式：开场破观念，开口即王者

破 A 观点；

破 B 观点；

破 C 观点。

所以，真正的原因，是 D。我的观点才对！（具体如何破，后面的章节会详细拆解）

运用专业型破冰方法，首先要明晰观点的维度，用高维观点去降维打击低维观点。什么样的破冰模式是最有杀伤力的？一定是专业型破冰，我不指名道姓攻击对手，但在潜移默化中，我已经把竞争对手都打下去了。

未来有机会，你可以参加我的线下课，我会分享一套极为有效的"连环破碎法"给你。一旦掌握了这套方法，你成交过的客户，别人很难成交；而别人成交过的客户，你很容易成交。这套方法，只能线下亲传！

破冰式的灰度空间——可黑可白

当客户的认知和商家传达的内容产生冲突，客户会更愿意相信自己，这就成了销售当中一个巨大的障碍。

我们要想拿下客户，就必须破除他的认知，并把他脑海中的认知替换成我们要传播的新认知。

这里，就涉及如何做观念破碎，如何让客户意识到自己的知识结构或者体系并不全面，让他知道我们的维度比他的更高，他要重新搭建自己的知识体系。

比如，一个人想花 10 万元买一辆车，销售员想把价值 30 万元的车

卖给他，就必须给他一个新的理由——10万元的车适合代步，个人出行比较合适；30万元的车有钢结构做支撑，安全性能更强，空间更大，比较适合家庭出行。

这就是从家庭的维度来阐释，以此颠覆他之前认可的个人维度。

在销讲过程中，肯定会遇到难以说服的客户。毕竟，销讲不是完完全全的"乾坤挪移术"。本质上，它就是一个过程——把产品讲清楚后，找到相对同频的客户，对他进行深入教育，以改变他的认知。

在认知界定中，黑与白的界线清晰，灰则是中位线，它可以"又黑又白"。

销讲不可能把黑的变成白的，也不可能把白的变成黑的，但是它可以把灰的变成白的，或者把灰的变成黑的。

比如，销讲无法把一个温饱都解决不了的人变成亿万富翁。因为两者之间的认知差太大，他们是黑和白的关系。

但是，**销讲可以帮助一个千万富翁成为亿万富翁。**如果我是销讲人，会告诉他，要有更高的追求，才会继续向上。

或者，销讲可以让千万富翁保持当下的状态。这时，我会告诉他，收入百万已经很有幸福感。

这就是销讲的灰色地带，可以向白走，也可以向黑走。看你要传达什么观点，从而引导客户往你想要传达的观点去发展。

接下来，我们进入破冰式的实操环节。我们需要学会两个方法：

一个叫逻辑分析法——如何把观点讲清楚，表达得有说服力。

一个叫观念破碎法——如何替换别人的观点，把你的观点植入。

逻辑分析法：砍掉 70% 废话，言简意赅才有重点

为什么很多人讲话，废话连篇，没有重点，语无伦次？

因为，很多人讲话，压根儿没有结构。

我 1 年在线下要开 30 场 500 人的营销课。我们公司的核心业务，是给企业做全营销策划，帮助企业拿到结果，然后分佣。因此，我们的业务深受企业家欢迎。大量的老板会拿着项目和我们交流，希望我们可以为他们的项目做咨询。

但是，很多老板连表达自己产品的能力都没有。

原本我们的交流可以 3 分钟结束，却非要交流 1 个小时。你有问过我，我们关注什么吗？我们仅关注你产品的卖点、你产品的差异化。你把这个内容讲明白不就好了吗？

为什么要把你创业的全过程告诉我？

为什么要把你们夫妻的感情告诉我？

为什么要把你过去的辛酸告诉我？

请问，这些跟消费者有关系吗？

全是废话！通通是废话。10个老板讲话，9个都是自说自话。浪费时间，浪费生命，浪费表情。如果我的学生经过我的训练，还是这么讲话，一定会被我批评。

受过训练的人，一定会这样表达：

我的产品，优于同行，论据有三。

论据一……

论据二……

论据三……

综上所述，我的产品是你们的最优选择。

只要你在3分钟内把产品的优势呈现到位，就能让我们直观地看到，你的产品比同行的好在哪里。我们才有欲望了解你的其他信息。否则，你讲得越多，我们越反感，我们越不选你，因为我们觉得和你沟通成本太高了，心太累了。

一个不会讲话的老板、满嘴废话的老板，真的非常浪费别人的时间，浪费别人的生命。

什么话是废话？与论点无关的话、跟主题无关的话，都是废话。

当你确定了想要表达的中心主题之后，只要把那些与主题无关的话全砍掉，就可以精简掉50%～60%，甚至70%的废话。

砍掉废话的这个过程，就是运用逻辑分析法的过程。

如何讲话变得有逻辑

做销讲时，很多人逻辑不通，讲不清楚产品的概念，是因为他们讲话的时候缺乏语言结构。

其实，我们在读小学的时候，老师就已经教过论点、论据和论证的语言结构，只不过很多人没有意识到它们的重要性。

我小学语文学得很好，作文几乎都是满分，语言表达处在巅峰状态。参加辩论大赛、演讲大赛、主题大赛，我拿到了很多冠军。现在，我做演讲、做销售、做销讲，也比别人强很多。

能做到这些，都得益于我从小到大不断训练自己。我把论点、论据和论证的结构，运用得炉火纯青。因此，虽然我平时沉默寡言，却拥有开口就能收获人心的能力。

如何把话讲得有逻辑，得搞清楚三个关键词：

论点
论据
论证

何为论点？

一般来说，大家认为论点就是一个观点，但在我看来，论点应该是异于他人的观点。因为对于销讲者来说，同样的观点，并没有表达的价值。

例一：
  大众认知的观点：想健康，不能吃烧烤。
  异于常人的观点：烧烤、啤酒才是最好的养生。

例二：
  大众认知的观点：钱不是大风刮来的，赚钱要靠努力。
  异于常人的观点：钱就是大风刮来的，赚钱要抓红利。

与众不同的观点，需要更有高度的论据来论证，整个语言结构自然比大众高一个级别。

何为论据？

围绕论点，需要表达理由及支撑点，这就是论据。它可以是一个道理、一个概述、一个理由。

何为论证？

能证明论据的证明，如数据、案例、图片等。

比如，我的学员朋友经常问我，你身边有没有很靠谱的直播老师？我们公司想要做直播。只要他是知识付费的人群，我都会推荐给有百万粉丝的网红陈晶老师。而且，我只要推荐给谁，大概率他就会直接去付费（品牌企业需要卖货，我会推荐其他人）。我会这么给朋友推荐：

  论点：直播陪跑，必须找陈晶老师！
  论据一：唯一有投资人背景、商业出身的直播老师。

PART 4 破冰式：开场破观念，开口即王者

论证一：她可以从投资的角度去看商业，从商业的角度去做直播，会让你的品牌更长久、更健全。因为品牌级的营销需要一步到位，直接讲清楚产品的卖点，它不像普通的直播那样，又唱又跳，哗众取宠。

论据二：有数据和经验验证，自己拥有万人直播间。

论证二：很多教人做直播的主播，没有卖过货，流量也不稳，而陈晶的热度已经在抖音上持续了1年时间，是头部流量，足以证明她可以驾驭抖音的算法，把长期稳定的万人直播间做成可复制的直播间。

论据三：有30多个千人在线的直播陪跑案例。

论证三：把30多个千人在线直播间截图，呈现出来。

据此，可以得出结论：商业IP做直播，直接找陈晶老师。

当然，逻辑分析法，还能拿去给你家的孩子竞选班干部。我们有很多会员带着孩子来现场旁听课程，结果，孩子们学会了逻辑分析法，在第二年竞选班干部，大部分都被选上了。

不妨给你的孩子出道题：怎么证明我最有资格当班长？

如何让观点有支撑力

简单来说，做销讲时，一个观点，找三个论据。卖货时，一个卖点，用三个数据来支撑。

为什么是三个理由？

我们做过调查，大部分听众只能记住 1～3 个数据。多了，记不得，这和人的记忆能力有关。

如果放到销讲里，这三个理由摆出来，给客户的感觉是：

第一个理由，让客户觉得你的产品与别人的产品有差异。

第二个理由，让客户觉得这两个案例之间有关联，并不是一个独立的案例。

第三个理由，会让客户觉得一通百通。

如何练就超强逻辑力

千万别小看逻辑分析法。如果你掌握了它，并且把它融入你的血液中，未来和你共事的人都能被你训练出超强的逻辑能力。而这种组织氛围，会进化。进化到组织中，不会存在非客观言论，而存在的都是客观事实。

我们团队经常去帮助学员开新品发布会和渠道招商会。面对两个团队的协同作战，我们每次都能提前筛查出合作伙伴的工作缺失。

举例来说，我们的线下课需要做很多宣传，外宣组会把他们制作的品宣计划拿给我看，让我相信他们能做好。而我一般在审核完他们的工作创意后，会要求他们把品宣落地的流程图向我展示。

有一次，品宣部门把工作图呈现给我，我看到以下的内容：

PART 4 破冰式：开场破观念，开口即王者

1. 制作开场视频。
2. 制作讲师金句剪辑。
3. 制作客户见证。
4. 输出活动报道。
……

我说：

"把开场视频脚本打开给我看看。"

这时候，项目负责人告诉我，他会统筹完毕，让我不用担心。我再次坚定地要他提供视频脚本，并且很严肃地说道：

"请你们拿出拍摄脚本，来论证你们准备好了开场视频的拍摄计划。如果没有，你们的论证不成功，我马上替换其他团队执行。你们必须给我看到确定性，我才能放心。"

经过这样的训练之后，在我的公司里，任何人表达任何观点的时候，都会有理由、依据和流程。
我经常对团队发出灵魂拷问：

"你认为此项工作，你能胜任的理由是什么？你没有完成的理由又是什么？"

只要有人在我面前说"感受和保证",我一般会狠狠训他一顿。如果每件事情都靠状态和信心就能解决,那老板就不会经常被员工"坑"了。

我更希望,我的团队能够去做基础的调研和论证工作。无论是否完成,用数据、用案例、用对标讲话。你的感受不重要,对标案例才是关键。

我带孩子也是这样的,这让他从小讲话就很有说服力。有一次,他做数学题——18×7=?

他说:"老爸!这道数学题我不会。"

我说:"哪道题不会?"

他说:"18×7,我不会算。"

我说:"你可以拆成两道题去解,10×7等于多少?"

他说:"70。"

我说:"8×7等于多少?"

他说:"不知道。"

我说:"查算法表。"

查完之后,他说:"56。"

我说:"接下来,你把两个数一合并,这道题的答案不就出来了吗?"

他说:"我现在会算了。"

之后,我会问他:

"请你告诉我,刚刚你不会算的理由是什么?你不能直接告诉我你不会算,你的论据不充分。"

孩子说自己不会算,我非要陪着他解决问题。员工说自己没法胜任,我必须带着他们,把难关攻克。我要用一次又一次的行动,给孩子和团队论证,你们只有开动脑筋,去解决问题,才是正确的论证方式。

观念破碎法：观点标新立异，强占听众认知

任何销讲的开篇，最重要的都是"破观念"。

而观念的核心，在于突出你与众不同的价值观，突出你的产品与众不同的卖点。

其实，前面我们已经用了很大篇幅讲解了如何用更高维度的观点，去降维打击你同行的观点。只有降维打击的观点才能让客户发现自己的认知盲区，从而付费购买产品。

我们刚开始做销讲时，没有意识到这个问题，就是分享自己想分享的东西，讲的都是专业知识。由于内容体系不同，我们向客户传递信息的时候，他们就像在看一部科幻片，大家更多的是为了"扫盲"来的。客户只有爽点，没有痛点，就产生不了购买的冲动。

自从学会了观念破碎法之后，我才开始研究和寻找客户的认知误区，再从他们的认知误区着手，把错误的认知一个一个打碎。

PART 4　破冰式：开场破观念，开口即王者

当意识到自己的错误时，人就想做出改变；人在纠错的过程中，找不到方法，才愿意付费找你来给他解决问题。

我之所以能把观念破碎法提炼出来，是因为我做销售这么多年发现，必须把客户拒绝购买的抗拒点全部找出来，将之破碎，最终才能成交。

我们在做品牌的过程中，要给客户一个选我而不选别人的理由，这就是区分和观念破碎的过程。让客户给别人贴上低维度的标签，给我们贴上更高价值的标签，并且让客户能区分我们的标签更适配他们，这就是观念破碎。

之后，我们做销讲课，就把这套方法加以整理和编译，形成一套方法论。后来我发现，掌握了观点破碎法的人，其说服力和销售力都是几何倍地增长。

如何强破客户的认知

客户抗拒成交，其实是因为他有认知盲区。知道他为什么拒绝，再强攻他的认知，破碎他的观念，就能实现成交。

假如，一个企业老板找到我，对我说：

"眼下，公司的管理很乱，我需要注重的是管理，而不是营销。"

为了强攻认知,我会给他输入一个认知:在企业中,营销最重要。我会告诉他:

> 管理是训练出来的能力,如果没有在千人团队打磨过10年,压根儿没法训练出管理能力。有人认为,只要听几节课,学几个技巧,就能掌握管理能力,这是不对的。
>
> 市面上,管理能力比你强的大有人在,不要用你的短板去对抗别人的长板,招个懂管理的人做这项工作就可以了。当然,这样的人才要百万年薪。所以,关键的问题是,你有没有钱?只要你有钱,管理问题就迎刃而解了。
>
> 钱从哪里来?当然是销售,是变现。营销做好了,公司的大部分问题都能得到妥善的解决。

我清楚,想做好一个企业,需要学习的东西很多,比如战略、品牌、营销、股权、薪酬、绩效、财税等,都很重要。

像股权、薪酬、绩效、财税等,都是需要老板花钱的,只有战略、品牌和营销是帮老板赚钱的,而在赚钱的部分里,营销又是重中之重。

除了营销,其他部分都是战略管理,是战略的资源配置。可以先把钱赚到手,再去找专家帮忙解决战略的资源配置问题。

我只强调营销的重要性,告诉他们,把那些跟营销无关的东西全部砍掉。这就是在攻占客户的认知。

PART 4　破冰式：开场破观念，开口即王者

如何操作观念破碎法

接下来，我举个例子，讲一讲观念破碎法是如何操作的。

观念破碎法的五步操作流程：

1. 立框。引导和放大听众原有的认知。

2. 破框。当认知确认后快速破碎，动摇听众的认知体系。

3. 换框。把你的认知体系打入听众的心智中。

4. 定框。用论据论证去强化你的认知，并不断瓦解他人的认知。

5. 超框。把你的认知提炼成有高度、有能量的话，深入听众心中。

拿案例来拆解，我一直和很多老板表达这样的观点：创业初期，必须把精力聚焦在营销。而很多老板喜欢去研究管理，我会这样说服和引导他们：

1. 立框

"大家认为，老板的精力，要放在管理上？"（引导和放大听众原有的认知。）

2. 破框

"问题在于管理是间接带来现金，还是直接带来现金？现在企业活下来的关键，是什么？管理的优化，意味着制度完善，管理团队人员的增加，这些都会提高企业的经营成本，而这个时代，现金

为王。"（动摇客户的认知，迅速破碎他原有的想法。）

3. 换框

"因此，业绩治百病，大单解千愁。老板必须聚焦在与企业现金增长有关的事情，也就是营销。企业有了钱，团队有奖金，人员积极性最高，这时候，老板才有心力，才具备花钱引入更多管理型人才参与企业的条件。如果老板不关注营销，不去解决钱的问题，员工没钱，所有的管理只会带来压抑。员工有钱，骂都骂不走；员工没钱，骂一句全溜。"（把你的认知体系，打入听众的心智中。）

4. 定框

"创业型公司，为什么什么都缺，但增长很快？是不是老板都聚焦在产品和销售，所以，创业期是企业增速的最快时间。

"成熟型公司，老板常常会把时间放在制度完善和人员管理上，离市场很远，慢慢地，产品和营销跟不上客户的需求，最后就被客户淘汰了。例如，诺基亚、柯达。"（用论据论证去强化你的认知，并不断瓦解他人的认知。）

5. 超框

"所以说，企业都是生于营销聚焦，死于制度完善。"（用论据论证去强化你的认知，并不断瓦解他人的认知。）

看完这几段话，我相信有的人会十分认同，当然，也有人会反对，特别是管理学专家。如果这些话是事实，管理学专家就没饭吃了。怎么办？对管理学专家也能用观念破碎法啊！你反向告知他，管理重要于营销不就得了！

因此，我想引发大家的思考，真有事实吗？世间的一切观点，真有

PART 4 破冰式：开场破观念，开口即王者

对错吗？对错，仅仅是个人的评判，仅仅是个人对一个事物在不同角度的看法而已。每个人的生长环境、接受的教育理念都截然不同，世界上找不出有完全一致的观点的两个人，因此，对不同观点的探讨、博弈、对抗，不就形成了这个世界的多元文化吗？

我们能做的是什么？就是去升级我们的认知，提高我们说服别人的能力，去影响更多想要被影响的人。

观念破碎法用途广泛，生活的方方面面都有其发挥的空间。

比如，我有一个学员，他的孩子在班级里竞选班长，用的就是观念破碎法。

这个孩子是这么说的：

> 很多人认为，表现积极就能竞选班长，但我不这么认为。我认为，好班长是愿意为大家做贡献，愿意为大家去付出，为大家去获得集体荣誉的。
>
> 我知道，班里的XXX很优秀，已经是百里挑一，世间难得，他当班长绝对没问题。
>
> 但我还认为，一个真正的领袖型班长，不仅要团结大家、凝聚精神，还要找到每个人身上的价值点，发挥每个人的特色，让每个个体在具备特色的情况下又能形成一个整体，让这个班级不是只有一个声音，而是百花齐放。
>
> 我做班长的话，会找到每个人的优点并将它放大，让大家成为我们班级共同的建设者。

这样的话一说出去，其他人就没有机会再跟他"PK"了。

面试也是这样，可以这样说：

大众认知是：我相信所有人来到现场，都是希望能够凸显自己的优点，能谋求一份好的工作。

而一个负责任的求职者，要先了解用人单位对岗位人才的要求，再去衡量自己是否能在赚取薪金的同时，为企业创造更多的价值。

但我认为，更高维度的求职者，应该进一步了解这家企业的文化，看到这家企业的社会价值。再去思考，我是否愿意陪伴这家企业5年、10年，最终，让其成为有社会影响力的公司。谋求薪酬，去哪里都可以，但找一家有价值的企业，陪伴其长成参天大树，未来成为这家企业的股东，享有企业发展的红利，才是高级打工人的心态。因为有了这个心态，我们每个人会去思考，未来3～5年，这家企业需要的人才应该是什么样的。因此，自己不仅要适应当下，还要不停学习，去提前掌握岗位未来需要的技能，陪着企业进步，帮助企业做迭代。

观点破碎法，是一套需要长期训练的方法。一旦你掌握了它，未来有机会来到我的课堂，我可以再分享一套进阶的"连环破碎法"给你。可以说，学会它，掌握它，你会成为那0.1%的顶级销售高手。

去除废话小贴士

（1）洞悉对方的观点

三流选手，夸夸其谈；一流高手，沉默寡言。

高手都是用耳朵聆听，找到对方的抗拒点、情绪点。

（2）练就言简意赅的语言

三流选手，什么话都想说。

高手出口，就是论点、论据、论证。

（3）不要去争论，要学会破碎

陷入自证陷阱，就是输家。

跳出问题换新框，才是赢家。

（4）谨记一点

观念破碎法不是去说服客户，而是让他洞悉到他观念中的误区，让他自我说服。

说服客户的过程中，难免会产生情绪。此时一定要复盘，今天产生的情绪，是因为哪个观念没处理好？假设再来一次，你会如何用观念破碎法来消灭所产生的情绪？

PART 5

论证式：
学会讲故事，
成交高效率

讲一个让客户
自行成交的故事

论证观点的过程，是一个反复问答、博弈的过程。观点破碎法，放在一对一讲解中，语气掌握得好，是说服；掌握不好，可能变成辩论，很考验使用者的语言运用能力。但是，观念破碎法最大的价值是一对多说服，威力会几何级地增加。你有没有想过，可以把观念破碎法埋在一个故事中，去和大家分享呢？

假设我是 A。我去说服 B 成交，如果是面对面，观点犀利点儿，B 可能就会受不了。如果我把 A 和 B 的事放在一个故事中，面对 C、D、E、F，跟更多人讲述我 A 和 B 的故事，我呈现的观点对 B 再犀利，其他人也不会反感，因为他们是在听一个故事。我给 B 输入的观点，其实是在潜移默化地影响所有听众。

PART 5 论证式：学会讲故事，成交高效率

成交一般分为两类：

（1）专业型成交；
（2）故事型成交。

针对别人的提问，如果你给出了专业性的回答，那只突显了你专业，不过你专业的回答是否有成效，当下场景不可论证。但是，如果你把专业性的答案放到故事中，故事的经过和结局本身就论证了你给出的答案，那么这个答案的落地可行性就得到了验证。

啥故事，能成交变现

很多人都知道，讲故事很重要，而且每个人对故事的定义都不同。围绕流量的故事，需要猎奇性、反常识，这是为了制造冲突，吸引眼球；围绕变现的故事，则需要破抗拒、输入观念，这是为了促成成交。

好故事，有几个因素

所谓的好故事，会让客户听完后，想变成故事中的主人翁。

比如，男孩子看完漫威的故事，都想拿起锤子去做雷神，或者买一面盾牌去做美国队长。再如，我们喜欢看的抗日片、战争片，看完后，

大家都想端着枪上战场去打仗。

一个好故事，有几个必备的要素。

1. 故事的主人公，从低处往高处走

故事的主要内容，是平凡人的逆袭，没基础的人走向成功，平凡的人也能改变世界，因为他起点低、成就高，路途有波折，愿意努力克服各种困难。这种逆袭给人的感觉，非常爽！

2. 讲故事的人，有情绪力

讲故事的过程就是在传递情绪。别人听完你的故事，产生了共情。他坚定地认为，一定要走你讲的这条路，前进中一定会有困难，但他愿意努力去克服，无论是投入钱还是时间，甚至是投入一切为之奋斗。在共情的基础上，人才愿意改变。

3. 听故事的人，愿意自我破除抗拒

听故事的人，看到故事中的主人翁遇到困难、挫折，会觉得那就是自己遇到的。他愿意改变，愿意用故事中的逻辑去破除抗拒。

有的人说，在销讲的时候讲故事，不利于揣摩客户的心思。我觉得，讲故事不是为了揣摩客户心思，而是做数据的分析和客户的调研，找到共性的抗拒点，进而加以破除。

销讲的目的是解决共性的问题，而不是个性的问题。讲故事并不需要解决现场客户 100% 的抗拒点，毕竟每个人的心理感受点是不同的。能解决 60%～70% 的抗拒点，就已经是很成功的销讲故事了。

好故事，该如何设计

那么，一个好的销讲故事，究竟应该如何设计呢？

好的销讲故事，要能提前解除客户的抗拒点。不能把故事讲完或者等路演结束，才让销售顾问去解除客户的抗拒点。因此，你的故事，要有"心机"地设计。

1. 从头到尾，把客户的抗拒点罗列、分析一遍

先研究我要讲给谁听，我的客户是谁，客户对我的产品或者理念目前的认知维度，以及可能产生的抗拒点有哪些，全部罗列出来。

2. 筛选出和目标客户同频的三个案例

第一个，是小客户克服困难选择跟你合作的案例。（破购买力卡点）

第二个，是大客户对专业挑剔，但最后还是选择了你的案例。（破专业鉴定关）

第三个，是想要改变的人，遇到阻挠，但他依然选择你，最后获得成功的案例。（破决策卡点）

这三个案例代表了很多消费者，这样的举例顺序是有内在逻辑的。**小客户破钱关，大客户破专业关。**破掉这两个抗拒点，就能拿下80%～90%的客户。最后一个涉及非决策者，破的是现场决策关。

需要注意的是，真实比生动更重要，生动比专业更重要。所以，案

例必须是真实的。

3. 用更鲜活的语言，幽默地呈现故事

比如，我想推荐客户成为某款酒的代理商，有两种表达方式。

专业型成交：各位朋友，卖这款酒，我能帮你赚到钱。我们产品好、品牌好、赋能好。

这类表达，客户只能听到你的品牌方很牛，但是你的落地方案并没有呈现出最终的结果。

如果是我，我会用故事来表达。

故事型成交：老刘，卖酒可以赚钱，但不是所有卖酒的人都能赚到钱。3年前，我遇到一个代理商，和你的情况一模一样，被3个卖酒的品牌方忽悠过，赔了将近500万元。他遇到我的那刻，已经默认我也是"割韭菜"的品牌方。他参加我的招商会，就是为了打假。而就是因为这次"打假"，我们成了很好的朋友。他一个卖酒亏了500万元的人，和我合作1年不到，赚了300万元。你想听听，我们之间发生了什么故事吗？

还记得那是2021年1月29日。他被朋友带进我的会场。在我的招商会上，听到我推荐这款酒，他给我贴的标签是"割韭菜""骗子"，毕竟，他过去做生意时受过骗。

但是，他还是听了我1个小时的路演，目的只有一个：打假！他想在我的讲解当中找出漏洞，最后给现场的经销商揭开黑幕，告

PART 5 论证式：学会讲故事，成交高效率

诉大家这是个"割韭菜"的品牌。

然而，1个小时过去了，他见到了我们和其他酒类品牌完全不同的赋能体系。并且现场有39个经销商跟我合作后赚到了钱，少则十多万元，多则五六百万元。他很有意思，去和他们一一敬酒，向他们请教，询问我们品牌用了什么赋能体系。

在得知我帮助酒商卖货的真实情况后，他发现我们的赋能体系是正儿八经落地的，并非形同虚设。这也是他第一次听说了N多个新名词：营销中台、赋能卖货、私域电商等。

当晚，他在朋友的带领下，跟我秉烛夜聊，足足持续了3小时42分钟。为什么我记得这么清楚？我们开始聊是在12点，快要睡着的那一刻，我又看了下手表，已经3点42分了。

我无数次想要终止这次的会话，他却异常兴奋。我跟他聊了5个给经销商赋能卖酒的方法，从会销到直播再到私域联播再到私域应用的每套打法，他全都详细记录下来。结束的时候，我们达成了合作。

他离开前，说道："虽然我已经被酒行业伤透了，但对卖酒，还是有情怀的。如果我和你合作，还不能赚到钱，从此我就离开酒行业了。"

那一刻，我能感受到，他的兴奋背后，还有多年的心酸。那一刻，我也感受到，一个品牌企业，背后是无数个经销商、无数个家庭、无数个相信你的人。所以这一刻，我明白他的顾虑，也希望，我们品牌可以代表整个行业，挽回他对酒行业的信心。

其实，在整个过程中，我没有讲任何销讲的专业知识，只是整个路

径和场景，都让人感觉特别真实。

故事的力量，超乎想象。**专业是成交的天敌，故事是专业的载体。用故事讲专业，才是成交的不二法门。**

回想一下你过去没有成交的单或者错过的机会，或者没有沟通清楚的观点，如果用故事再讲一遍，效果会不会更好一些？

PART 5 论证式:学会讲故事,成交高效率

设一个让客户
一见倾心的标题

结果前置,更能抓住客户

不知道你有没有发现一个现象:讲故事时,如果把结果前置,往往更能抓住客户。

为什么?

相较于过程,结果是可见的、确定的,它对客户的吸引力更大。

结果要在前,过程要在后

假设有一对恋人,关系十分亲密,身边的人都觉得他们应该走进婚姻的殿堂。一旦到了这个阶段,大家更关心的是,男方有没有搞定女方

的父母，却不在乎到底是怎么搞定的。

有了"搞定了"这个结果，身边的人才会在乎过程。否则，过程毫无意义。

很多人的认知逻辑，都是这样的：**有好的结果，才会想了解过程；没有好的结果，它的过程就毫无意义。**

既然客户只关注有结果的过程，那么说服客户一定要结果在前，过程在后。

一些网络平台的文章，点击量高的基本是"标题党"。过度博眼球是不妥当的，但我们也必须承认，从一定程度上来说，标题就是结果，有结果就会吸引人。

比如说：

《从100场演讲颗粒无收，到单场演讲收入2000万元，背后的销讲六段式》

《从被岳父埋汰了100次求婚无果，到一次酒局让岳父把房子过到我名下，我做对了什么？》

这两个标题，都有从悲惨到成功的强烈对比。本质上还是一个爽文结构，只不过换了一种方式，用数据化来讲爽文，这才是客户关心的话题。

我们讲的课，客户愿意听，也是因为结果前置。讲的时候，我们开头就会说："当年我用了一个方法，让自己从年薪十万元到年薪千万元，我做对了哪三件事情？"听到这里，客户的耳朵自然就竖起来了。

客户压根儿不关注你是谁，他们关注的是你到底用了什么方法，让自己从年薪十万元到年薪千万元。

故事没新意？忽略了两点

我的很多客户，不是不喜欢讲故事，而是觉得自己的故事讲不出强烈的对比感，这又是为什么呢？

1. 真实度不够

我一直强调，故事需要真实感。

如果故事没有情绪，没有细节，就会显得内容空洞，缺乏真实感。而且，情绪是亲身体验之后的感受，是编不出来的，真实感也编不出来。

假如，让我的员工把我所有的课件一字不落地背下来，他们最多只能还原出 50% 的效果，因为他们讲不出我的情绪，还原不出我的心理过程。表面上看，我在讲课，实际上，我在讲我的心路历程。

2. 缺乏论证的方法

当然，我也见过一些人，故事的真实度很高。可是，讲完之后会出现两种情况：

一种是在痛苦当中难以自拔，带头在台上掉眼泪。这类人无法把控情绪节奏，不能快速从"很惨"中脱离，结果让自己深陷其中，难以自拔。

另一种是把自己讲得很爽、很快乐，故事里缺乏悲惨的过往。这个问题的关键点，在于故事缺乏结构。

要做好销讲，得找准老师

想要构思故事，做好销讲，是需要学习，需要老师带领的。

比如，我们带核心会员的时候，会帮他们把故事写出来，让他们先一字不落地背下来。

背的核心，不是让他们背素材，而是在背故事的过程中，把讲故事的结构背出来。

故事背完之后，我们再把框架结构给他们，手把手地教他们换故事，用这种方式不断地反复训练。

有老师带一日千里。无论你是不是在做销讲，只要想走出自己的认知盲区，跟有结果的人学习，都是最快的方式。

每天想着成交别人，倒不如来我这里，被我成交一次。就好比，我这本书你看了1000遍，都不如来线下体会一下我是怎么做才能成交的。

我本身吃这行饭的，每天给客户讲故事，改故事，已经形成了条件反射。

一个做酒的老板，在线上给我打了168万元，就是因为我给他讲过一个故事：

有一个做酒的老板，七八年时间把业绩做到1000万元，就再也提不上去了。我教了一套招商路演的方法，让他一年时间从两个人变成了千人的合伙团队，年销售额从1000万元到1亿元，第二年做到了1.8亿元。你想听听我用的什么方法，让他不发工资，找了1000个人帮他卖酒，同时业绩在1年内实现了10倍的增长吗？

假设把这套方法用在你身上，按你的势能、资源和规模，你至少应该可以翻30倍，1年卖酒也是3亿元起，这套方法，你愿意付多少钱来了解呢？

听完之后，他说：

"我就要你这套方法！马上给钱！"

说到底，我就是用一个故事收钱。

讲故事，一定要记住：故事不重要，重要的是，什么缘由让你获得巨大的结果。

用故事做销讲时，不妨反向拆解一下。想一想，你有哪些故事可以跟大家讲一讲？

让案例 100% 真实的场景设计

讲故事时，有一个很重要的环节——场景描述。很多人对此重视不够，导致讲出来的故事明明是真的，却因为只讲过程没讲场景，让人觉得不真实。

现实生活中的描述叫真实，解答问题则是专业的体现，它们是两个系统、两个维度，只有描绘场景才能让专业变得更加真实。

场景描述，做到"4W+1H"就够了

客户知道你与众不同的那一刻，就已经被 KOL（关键意见领袖，如红人、博主等）的推荐影响，要买单了，你专业与否，已经不再是影响他决策的关键要素了。他们更希望了解的是，KOL 为什么除了讲场景增

PART 5 论证式：学会讲故事，成交高效率

加真性以外，如此推荐你，推荐你的理由是什么？这又回归那句话：势能和背书比专业更重要。

讲故事，还要把案例用视频和画面呈现出来。为什么我讲故事别人都信呢？因为我讲的每个故事，无论是过程案例还是结果案例，都能拿得出来。

我有保存案例故事照片和视频的习惯，这些素材会让我的故事变得更真实。

但是，我的很多学员，都没有保存素材的习惯。当我把讲故事、做品牌的完整逻辑讲完，并且演示给他们之后，他们依然什么都填不出，甚至连一张照片都没有。直到那一刻，他们才知道这些内容过去都经历过，然后因没有留存照片和视频而后悔不已。

讲课的时候，我会给他们素材和内容清单，让他们以后按照清单进行保存。

4W+1H= 抛场景 + 专业

What：什么事情？为什么见面？

When：什么时候？描述见面的时间和当时的场景和天气。

Who：跟谁发生了什么？描述人的细节。

Why：为什么？我们会有这次见面的原因，描述心理。

How：怎么做？给人专业的建议去解决问题。

销讲之前，他们需要一份完整的、具备这些元素的招商卖货宣讲稿，等宣讲内容讲得朗朗上口之后，我会让他们替换内容。

在替换内容的过程中，他们就完成了刻意练习，这就又回到了

"4W+1H"的内容。

场景描述，比专业知识更重要

一开始，我会刻意地用这张表去填内容；现在，我已经把表格的内容形成了自己的固定思维。

比如，我要推荐我的出书合伙人刘Sir，就可以讲一个有场景描述的故事：

2023年8月，我出现在肖厂长的课堂上。第一天，肖厂长就介绍了刘Sir的基本情况，我看他的图片，觉得这个男人还蛮跑跩，梳着个油头，穿着身西装。

中午聚餐的时候，我特意搜寻这个男人，发现他不在。直到下午3:40左右，他才姗姗来迟。这是我们的第一次会面。

肖厂长直接把他从场后接到了座位席，我故意没跟他打招呼。首先，我一直都是一个不主动跟别人打招呼的人。其次，我想，他再牛跟我有什么关系？

当天晚上，他上台讲课。我原本安排团队的人听一听，让他们分析要不要采购他的产品。

当我前脚刚要踏出去，身后传来一个声音："书不在于多，在于如何让一本好书卖10年。"为了这句话，我多停留了10分钟。

这10分钟，我发现，这是一个拥有正统营销思维的人。过往的很多出书人，都向我表达：周总，我可以1年帮你出1本书。

PART 5　论证式：学会讲故事，成交高效率

10年时间，你可以出10本书。

而这个男人的观点是爆品思维：让1本书畅销10年。

我当即决定采购他的产品。

我把钱付完之后，我们做了一次线上的研讨。这个男人再次用他有磁性的声音表达："周总，我们今天先来给你做个前采和了解。"

他跟我过往遇到的出版人不同，不是直接用他们的认知帮我规划内容方向和大纲，以我的名义创造一本根本不属于我的书。而是深度了解我的知识体系、课程内容和创业经历，从客户视野和我探讨，从专业的出版角度引导我创造一本真正属于自己的书。

那一刻，我觉得跟他的合作也许不是一本，而是此后终生。

之前，我们约定的是我2024年1月2日飞往北京，但是北京的雾霾影响了行程，于是我对他们发出了来深圳会面的邀请。

我听出了刘Sir有些为难，毕竟元旦假期是要跟家人团聚的，但简单沟通了几句之后，刘Sir毅然决然地说："我们团队去深圳跟周总会面。"

那一刻，我感受到了这个团队是真正以客户为本，宁愿牺牲团队的假期，也要跟客户见面，所以我给他们安排好了机票和酒店，期待和他们的见面。

1月2日上午，因为连续胃疼了两周，我去做了胃镜检查，于是迟到了半天。下午，在麻药还没完全退去的状态下，我跟他们整个团队会面。乍一看，除了刘总的衣着像是出版人，其他人看起来就像散兵游勇，穿着五颜六色的衣服，看不出哪里专业。

然而，当我们坐下来进行内容共创的那一刻，我被他的团队

征服。

刘总一身笔挺地跟我聊天，步步到位；旁边的香香敲着电脑键盘随时补充，把很多情绪、心理做整体的优化；团队的另外两个人，键盘敲得飞快，不停地梳理我们对聊的内容。

此刻我发现，这个穿得像杂牌军一样的团队，原来是正儿八经的正规军。

你看，这就是讲故事。我用场景勾勒出我选择对方的理由，在讲这个故事的时候，就已经完成了推荐。

在我看来，场景化就是在做专业的推荐，放到我的公式里也是一样的：

What：为什么要见面？因为我要出书。

When：对几次会面的描述都很精确，甚至有的讲到了几月几日的几点。

Who：描述了和刘 Sir 几次见面时他的形象，以及他的团队成员的形象，还有我对他整体形象的认知和判断。

Why：为什么会有这样的感觉？我的心理状态描述得很细致。

How：描述了我们整个共创过程中的工作状态。比如，刘 Sir 最后是如何向我提问的，包括他团队中每个人的状态和作用，以及验证的整体逻辑。

一开始，很多人抓不到场景的细节，这很正常，多看看犯罪心理学类的电影，看一看那些警察是如何审犯人的，犯人是怎样给自己做无罪辩护的，又是怎么讲不在场理由的。犯人的回答，就是制造了一个场景化的不在场理由。

关于故事场景的重要性，我很想说，宁花 10 分钟讲场景，莫花 1 个小时讲专业。专业必须埋在故事中去演绎。如果意识不到场景的重要性，不妨思考一下，在过去跟客户讲案例的过程中，缺少了哪些场景，导致客户质疑你故事的真实性。

立好价格，
破除客户的抗拒心

客户买东西的时候，一定有贪小便宜的心理。

比如，普通人买菜的时候，会想着多薅一把小葱；有钱人买辆劳斯莱斯，巴不得多薅几个枕头、几把雨伞。

这样做，不是说客户缺这些东西，他们要的是这种占便宜的感觉。

不贵价格，贵在认可

有句话叫作"价值不到，不说价格"。其实，这种认知是有问题的。

举个例子，我曾经去听一个教育讲座，想给我家孩子选择一个更适配的教育方式。在讲座开始前，先逛了他们的教育空间，我在内心默默

PART 5　论证式：学会讲故事，成交高效率

肯定，这是高端教育。1年课外辅导花10万元，蛮值的。后面，又听了一个教育专家分享他们与其他机构不同的教育理念，我也认可，我内心再次告诉自己，10万元，蛮值的。最后，他们公司宣布了合作产品的价格：100万元。

我当时蒙圈了。和我一起聆听的客户也没有人签单报名。为什么是这个结果？因为这家公司显然没意识到"价值不到，不说价格"。

每个人对产品的价值认定，都是基于过往的认知。我好歹也见过世面，觉得十几万的价格可以接受，但100万元的确超过了我过去的认知。100万元我花不起吗？不是的，100万元对我来说，虽然不是小数目，但也没超过承受范围。而他们的演讲已经结束，100万元的抗拒点没有给我解决，这时候要做成交，怎么可能？！这种销售，就是一文不值。

如果这个公司的人听过我讲课，或者看到这本书的这个章节。他一定会反过来表达，他开篇就会说：

> 我们公司是深圳最贵的教育机构，客单价100万元。为什么100万元的费用，还是有很多家长愿意把孩子送到我们这儿？因为，他们给孩子选择的是一个未来。
>
> 什么是真正的"精英教育"？我带你们看看我们的教学空间，听听我们的教育理念。

当客户知道价格后，你再进行说服和展示，不就是每个空间、每句话，都在论证你的教育值100万元吗？只有你的硬件、软件、理念，给家长更高维度的展示，才能让大家信服。对于精英家庭，100万元还真不是难事。所以，一切的专业解说，是论证"我值这个价格"。这就是

一字千金。

在客户认可价值之前，一定要让他们认可价格。把价值和价格画上等号，他们才会用你规定的价格买你的价值，否则客户会用自己的认知，用自己的价格来锚定你的价值，这个产品就无法成交了。

关于价格和价值之间的关系，我很喜欢用"一字千金"和"一文不值"来说明。

一字千金，就是我先明确产品的价格，比如我的产品卖20元，无论场下的人认不认，价格就是20元，让他产生疑问：为什么它会那么贵？为什么这个产品要这么多钱？而在论述的过程当中，通过对卖点的解析，已经把它的价值点塑造出来。

你过去认知的两块钱的产品，跟我20块钱的产品，它们的卖点是悬殊的，我先用论点，把产品还原到20块钱。当客户认同的那一刻，我再给他打折，他会觉得很爽，会愿意花10块钱去购买。不把顺序颠倒过来，你20块钱的产品，在他的世界中，就是只值两块钱。

至于"一文不值"，就是你塑造完产品的价值，客户也认同了这个价值，最后他会为你的价值贴上他认知的价格。他觉得这东西值两块钱，你标上20块钱的时候，完全超出他的认知，这个交易就失败了。这时候，你会发现，你之前讲的所有话都没有意义，你讲的一切内容就是一文不值的，浪费时间。

就像很多讲知识付费的专家，在台上教学员如何做营销，讲了很多赚钱的方法，听课的人却认为，这些内容是包含在980元门票里的。他们花了980元来听课，自然会认为这个课就值980元。

PART 5　论证式：学会讲故事，成交高效率

如果是我，一上台就会说：

有个学员当年交了38万元，我教了他一个方法，让他赚到了1000万元，这样的方法你想不想听听？

这样一来，台下的人就会觉得，自己花980元学到了别人花38万元才能买到的方法，真是薅到了羊毛，内心已经有了满足感和认同感。他听了方法，觉得靠谱的那一刻，就会认为我讲的这一切就是值38万元的，而不再是980元，他愿意再花38万元跟你深入地学习。这就是一字千金。

为什么很多专家身份尊贵，演讲的内容却无法变现，赚不到钱？因为他压根儿没有把自己说的话定价，即使是专家，讲的话也是"一文不值"。而我们真正做营销的人，讲的任何的话，包括广告语、宣传语等，都会进行定价，就是要体现我们的价值感——我们就是值这个钱。

好的方法不在多，贵在精。我这种立价格的方法符合心理学的逻辑。好好剖析一下客户，就会发现，他们喜欢简单易懂的，直接告诉他们原价多少，现场优惠价多少，完款价格是多少，这些就够了。那些让客户做计算题的营销，都不是好营销。

产品价格，分为三类

一般来说，我们会把产品的价格分为三类。
**第一类叫市场价，就是我们在市场上对外宣传的整体价格。我们会

把这个价格立高一些，并且一直论证它值这个价格，让价值跟价格画上等号，最终让客户认可。

第二类叫优惠价，就是在客户买单的过程中，把产品迅速打折，给他一个为什么现在要买单的理由。 在他认同市场价的情况下，我给他优惠价，会让他觉得"占到便宜"了。否则的话，他可能会想：我可以回家之后买，也可以以后买，为什么必须现在买呢？

第三类是完款价，就是再给客户赠送一些礼品，或是交完钱之后参与抽奖，促使他现场完款。 做营销的都知道，追销是很辛苦、很艰难的，倒不如通过价格的策略，让他现场拍单，拿走自己的礼品。

需要注意的是，你在给产品定真正的购买价的时候，最怕的就是价格虚高，超过了客户的认知极限。

比如，你跟一个贫困的人说：

"我花 20 万元买了个包。"

这个贫困的人可能看都不看就走了。这个包，这个贫困的人把全部身家都拿来也买不了，价格意味着已经超出了其认知极限，看了也没意义。但是，如果你告诉这个人：

"这个包可能值 5000 元钱。"

这个人可能会想：这是什么包？比我平时背的包贵了 10 倍，我也想看一看。这个包虽然贵，但价格还在其认知底线之上，在其能承受的范围内，就会产生兴趣。

从心理学的角度说，超过客户认知极限的产品，客户是会主动逃避的。能够超越客户认知底线但没有超过认知极限的产品，他们才有购买的欲望和冲动。

价格不立，价值不说

在日常生活中，任何人找我做策划，我都会先问他一个问题：500 万元准备好没？我开口一定是这句话，让他先知道我是值这个价格的。

在聊天的过程中，如果我发现他的项目不好，可能会直接拒绝合作。如果我觉得他的项目有一定的前景，我有兴趣接，就会跟他沟通：

> 一次性交 500 万元，可能对你压力比较大，我把费用降到 168 万元，外加 3 年业绩增长的提成，5 到 10 个点，你干不干？你赚 1 亿元，给我分 1000 万元，你吃肉我喝汤，可以不？

他同意的话，我会赚得更多。

这就是**先谈市场价，再输出观念**。开始时，无论他认同与否，我先把价格提出来，进而阐述我们产品的价值，阐述产品价值就是在不停地给价格做背书，再给他做验证，最后瓦解他的心理防线，给他更大的优惠，让他觉得自己赚到了。

他会觉得，我的策划真的太值了，花 500 万元能赚 1 亿元。在论证的过程中，他已经说服自己要花 500 万元买这个方案了。

我从来不跟客户讨价还价，因为客户和我的认知完全是两个体系。价格是用价值来论证的，如果是讲完价值再谈价格，如何来论证价格呢？最后的结果，只能在价格的地带中循环，这是不对的。

所以，我一直坚信的是：**不立价格，不说价值。**

那么，怎样设计价格，才能让客户买了你的产品，还让他感觉自己占了便宜呢？

PART 5　论证式：学会讲故事，成交高效率

给客户一个愿意买单的解决方案

客户购买产品，买的其实是解决方案。讲故事，就是为了让方法和专业变得更加可信。

在讲专业的过程中，可以详细地描述解决方案，让客户感觉到，你能够为他处理和解决这些问题。

客户为何买单，你清楚了吗

很多人在做销讲的时候，常常错误地认为，讲专业就是讲答案。

其实，讲专业是要讲解决方案的。

比如，我给别人做品牌营销，不是把 1 亿元放在他面前，而是要告诉他有哪些方法和路径能赚到这 1 亿元。

方案能给人信心，让客户愿意为确定性的结果和非确定性的过程买单。

有些做知识付费的老师，免费为别人做咨询，很热情地介绍解决方案。结束之后，和客户就再也没有联系。他们觉得，自己被"白玩"了。其实，这是他们把知识白送给别人。

他们没想过，80%～90%的人都是为解决方案买单。如果你给了别人答案，哪里还有下文？

于是，讲师们会走向另一个极端：一定要先付费，再聊天。这些人始终没搞明白，聊天不是问题，如何聊天才是问题。

他们只会给确定性的过程和非确定性的结果。但正常的逻辑应该倒过来：给确定性的结果和非确定性的过程。

归根结底，不是说他们找谁聊天是占谁便宜，而是他们不会聊赚钱的天。

聊天时的重点，你掌握了吗

我和别人聊天的时候，一般会有几个重点。

1. 诊断。任何专业的答案一定是定制化、个性化的。个性化诊断就是让客户感觉到，你想了解他的一切。

2. 分析。分析对方可能存在的问题，以及他存在的致命问题，找到这些问题的核心关键点，让他觉得你是一个专家。

3. 流程。在流程当中匹配时间、路径，在什么时间给他做什么事情，把整个流程讲清楚。

  4. 给信心。给他一个场景、一个蓝图，以及确定的结果，让他按照流程走，让他有信心能拿到这个结果。

比如，一家出版公司的书总是销量平平，缺乏大爆款。分析了他们策划的 10 本书之后，我发现了问题所在：他们策划的所有的书都过于专业化，只有行业内的人能看得明白，但他们又不是行业头部的公司，所以行业的高手从来不看，"小白"看又觉得维度太高。

分析后发现，他们的客户群体没选对，话题不够聚焦，产品定位出了问题。

我们给他们做了优化。

第一步，重新确立书的标题，变得更加具象。

例如，《如何做品牌营销》变成《打造超级辨识力》，"品牌营销"是大老板要看的，但是"辨识力"是每个人都要学、都要看的，维度瞬间改变，这本书就从专业读物变成了大众读物。

第二步，围绕超级辨识力，设计由浅入深的内容。

"小白"如何打造辨识力？做 IP 的如何在线上打造辨识力？做老板的如何选择项目的辨识力？做大老板的如何做品牌的辨识力？这叫由浅入深，既让"小白"看到了他有可能做老板的未来，又让老板通过小细节了解到，原来自己的辨识力不够。

第三步，给他做整个内容框架的梳理，找一些网红和品牌，给他做

案例的佐证，帮他完善书里的案例以及内容和逻辑。

第四步，通过对聊的方式，把他的知识体系和我们的案例进行了融合。

最后，我们出版了一本百万级的畅销书，成为国内品牌类书籍销量第一名的书。

你看，我在讲这些专业故事时是不是很专业？但真的有专业性吗？我没有说任何出书、出版的词汇，没有说任何行话，但是让你听起来，就会感觉很专业。

客户判定的专业，是让他可以清晰地看到解决的方案和画面。也就是说，感觉专业比真的专业更重要，真的专业是解决问题收钱的，感觉专业的方案，才是吸引客户给你买单的。

很多人在营销行业里待久了，身上难免会有"专家病"，总是以专业的眼光去看待自己的客户。对这样的朋友，我想说的是，不要陷入专业的自说自话中。

PART 5 论证式：学会讲故事，成交高效率

留个伏笔让准客户主动签单

很多销讲现场客户都非常多。销讲人仅凭自己的观察，很难看清谁才是会买单的客户。

这个时候，销讲人要用伏笔，让买单客户"跳"出来。

伏笔怎么留

比如说，你在商场看手机，导购会问你：觉得蓝色的好看，还是白色的好看？不管你回答什么颜色，都代表你已经开始假设拥有它了。

如果你说蓝色的好看，导购会接着问你：是喜欢屏幕大一点儿的，还是小一点儿的？你又回答，大一点的。

根据你的回应，导购就能判断出你确实是想买手机。

如果你不回应，跟导购说你要再看看，那就代表你的购买欲望不强，他就没必要跟你细聊。

导购提问题的过程，就是在试探，在留伏笔。

再如，我们之前给一个做瓷砖的店铺，做了个单场1亿元的招商活动。当时，我们在招商会上提出了对五星级瓷砖店的赋能方案，这个赋能方案包括：

第一，给整个门店补贴和升级改造。

第二，给五星级瓷砖店员工开展为期10天5个系统的培训。

第三，总部会销团队下店，帮助门店强攻楼盘。

第四，给予门店对赌计划，目标实现就奖励代理商迈巴赫一辆。

把整个流程和方法讲完之后，我们就开始留伏笔了。

我们说：

"有意愿做一个五星级门店，而且愿意投入100万元资金来参与这项活动的家人们，请挥挥手。"

这其实就是在试探大家的意愿，看看有多少人有意愿加入五星级门店的打造计划。我看到谁举手，就跑到他身边，跟他握手，问他：

"你确认愿意投入100万元，对吧？待会儿你第一个买单，可不可以？"

假设他的眼神是躲闪的，就代表有意愿还没行动；假设他直接回答我愿意，这就是确认意愿。

留伏笔，是试探客户有没有意愿购买产品；确认，则是确认他的购买意愿。

确认怎么做

那么，应该怎么做确认呢？

第一种，直接确认。

在你把案例讲完之后，客户的反响比较积极的时候，就做直接确认。

你要看，在听完你讲的方法之后，是否有客户带头鼓掌；是否有人在你假设成交的过程中，愿意跟你确认。

第二种，间接确认。

当有些客户比较符合你的合作对象的画像，但是需要进一步确认是否适合合作时，可以邀请对方把他的行业信息发过来，做更深入的了解。递交信息就代表他有意愿，没递交信息就代表没有意愿。

这两者之间最大的区别是，直接确认对应的是客户是否愿意花钱买单，间接确认对应的是客户是否有意愿合作。

日常生活怎么用

在我们的日常生活中,留伏笔和确认也有很大的用处。

拿两个人谈恋爱举例子,男生要跟女生求婚的时候,会给女生勾勒一个未来结婚的蓝图,给她规划美好的生活。男生描述未来的生活场景,已经开始给女生暗示了。再问她:

"你觉得这样的生活场景有什么需要补充的?"

或者:

"假设我们未来在一起,刚刚描述的场景哪些现实,哪些不现实?"

这就是在留伏笔,做试探,看看女生是否已经把自己替换到这个故事中。假设女生不怎么回应,代表她没准备好,你要求婚大概率是没戏的,还可能会引发婚前恐惧症。如果女生说:

"我觉得哪里更好,哪里还能改进。"

当女生描绘得更具体,场景更丰富,那代表火候差不多了。那男生只需要说一句话做确认就好:

"我们可以一起来实现它。"

PART 5 论证式：学会讲故事，成交高效率

在工作中也是如此。假设你要给上级领导做报告，拿了一份工作方案给他，又把整个计划给上级解释了一遍。如果你是职场"小白"，可能会说：

"我的汇报完毕。"

这样的话，你既没有试探出上级领导对这个方案的态度，也没有设计好下一步的工作计划。

如果是职场高手，懂得留伏笔，就会和领导说：

"领导，方案汇报完毕。它是我对工作的设想，我投入了很多精力。我想请教一下，您认为整个方案当中，哪个点让您印象最深刻，也是您最感兴趣的？"

没有必要问他这个方案有没有通过，只要问他哪个点是让他印象最深刻的。假设他一个点都没说，就代表他对你的方案没有兴趣，意味着你的方案大概率是通不过的。

假设他回答说，我对这个方案中第几个点和第几个点比较感兴趣。你就可以给他回一句话：

"我能不能就这几个点，回去做一个深化的版本，再来跟您做进一步的确认？"

他如果说"可以"，就意味着这个方案有很大的概率能通过，只需

要围着他的需求点做些功课，然后做一个整体呈现。

经过几次确认之后，方案一定会获得领导认可。此时，你的机会就来了。

从某种意义上说，这就是伏笔和确认带来的结果。

销讲是最高级的沟通学问，不确定面前的人你能拿下的时候，先不要出手，要多留伏笔，试探他的意愿，再多次做确认。

毕竟，留伏笔是成交前的试探，而确认则是留伏笔之后采取的行动。

下表是论证式的总结呈现。如果你可以依据模板填满表格，那说明你已经具备了销售演讲的基础。如果你希望有更高的提升，欢迎来到我的线下课，我会对你进行专属特训，相信你一定可以成为所在行业的最强卖手之一！

论证式结构模板

步骤	内容
一、讲结果	
二、抛场景	
三、立价格	
四、破抗拒	
五、讲方法	
六、留伏笔	
七、做确认	

PART 6

收心式:
背书换信赖,
使命加势能

当你学会用"论证式"讲故事，恭喜你，你就可以一对多开直播和会销了。邀约更多的目标客户来聆听你的分享。邀约100人，成交效率提高100倍；邀约1000人，成交效率提高1000倍。

一定有人会产生疑问：使用论证式来精心准备故事，的确可以提高成交客户的效率，但人多了，特定的需求也更多，那是否会出现你准备的故事不适合所有人的情况呢？

比如说，在全国的很多地方，我常常分享"营销系统的建设"的方法论。每次，我把方法论讲完，总有客户会问："老师，你的方法我认同，但适配我的行业吗？"

你要知道，我半天在舞台最多分享3个案例，一天最多分享6个案例。我不可能把电脑中的案例一个个都讲解完。如果现场有300人，我如何才能成功和这300人合作呢？

这时候，我们就需要用到"收心式"了。因为很多客户并不是想听你把他所在行业的案例详细讲解一遍，而是希望你能给出确定的答案，也就是回答这个客户提出的问题：你的方法是否适配他？

遇到这种情况，我一般会默默打开我的电脑，打开我准备已久的案例库。案例库里记录了在每个行业，都有哪些人和我合作过，业绩增长

PART 6　收心式：背书换信赖，使命加势能

了多少。其中，有上市公司的案例，有头部企业的案例，也有中小企业的案例。这些案例，我不会讲解，我只会给他们看一眼，然后说：

> 你们行业中，早已有人和我合作了6年以上。如果你听明白了我的方法论，也认同我们的结果式付费逻辑，那就给自己一个机会，给我一个机会，我们合作起来。

这就是收心式中非常重要的技巧——以点带面。

以点带面，就是以一个知识点加众多案例，告知客户，我可以帮助你。

论证的过程，需要给公司编织出一个信任状的网络，立体地呈现公司的专业度和过往案例的成功度。

一旦客户相信了论证过程，对公司产生了信任，收心式就能发挥作用了。

收心的方法有三个，就是：

（1）内容收心；

（2）平台收心；

（3）使命收心。

内容收心，你讲故事本身就是一个收心的过程，通过故事的真实性和你的专业性，让客户对你放心。

我要着重讲的是第二个收心方法：平台收心。平台收心的根本，在于你要围绕着你的品牌，给客户更加立体地呈现出多方对你的认可。例如，学术认可、政府认可、媒体认可、公众认可，等等。

只有让更多的机构和客户认可你，才能产生公信力。公信力，可以让更多陌生的群体，用更短的时间了解和选择你。

毕竟，不同客户的问题也各不相同，你不可能做到一对一地交流。因此，以点带面，通过各个层面的背书，把信任转盘立起来，讲两三个故事，后面全用案例铺开，这就称为平台收心。

PART 6　收心式：背书换信赖，使命加势能

内容收心，
如何获得客户信赖

内容收心，关键点在于案例的选择和故事的设计。

关于选案例，我有三个建议。前面的章节，曾经提过，这里我再次阐释，加深一下印象。

第一个，是小客户克服困难，选择跟你合作的案例。

第二个，是大客户对专业挑剔，但最后还是选择了你的案例。

第三个，是想要改变的人，遇到阻挠，但他依然选择你，最后获得成功的案例。

小客户案例，引发听众破钱关

为什么选小客户案例？因为小客户最大的问题是资金卡点，是对自己的能力不自信。假设有一个故事能够呈现这样的过程：一个小客户虽然消费力不足，但是排除万难还是选择和你合作，最后获得了成果。这样的案例，是否非常鼓舞人？

我有个做美业的学员，过去开招商会特别喜欢炫富，说自己结交了多少名人，说自己的朋友有多厉害，说自己的代理商有多优秀。她说的所有案例都是事实，但每次招商会结果都很一般，她一直没有搞明白原因。

后来，她请我当营销顾问，指导招商。我参加了一次她的招商活动，就找到了问题所在。他们活动的现场，80%都是个体户、小老板，还有想要创业的人；有15%的客户开了多家连锁美容门店；还有5%的客户非常有实力。

所以，我跟她说："你犯了一个很大的错误——没搞清楚到底谁才是你的代理商。"

那5%有实力的客户，自己家大业大，还会做你的代理商吗？这个逻辑明显不对。

15%的连锁门店老板，他们愿意和你合作，但他们替换成本很高，你不花点儿成本，花点儿心思，他们愿意放弃原品牌和你合作吗？

而真正最有可能和你合作的那80%的客户，听了你的分享，觉得你的品牌方都是一群高高在上的人，都是一群很有实力的人，他们在你面前是自卑的，他们的合作动力从哪里来？我跟她说："你最大的问题在

PART 6　收心式：背书换信赖，使命加势能

于，案例和故事选错了！"

我帮她修正后，一个很鼓舞人心的案例出来了。这个故事，让她从每次10%不到的成交率，直接拉升到了40%。

故事是这么写的：

> 曾经有很多人问我："李总，咱们品牌的代理商，个个都很有气质，每个人都很有实力。他们标配保时捷，最差的也是奔驰C系。我觉得，你们都高不可攀，我能成为你们的代理商吗？"
>
> 其实，你们只看到他们光鲜亮丽的今天，却不知道，他们也有曾经悲催的过去。
>
> 我还记得，咱们品牌刚创立的时候，我的第一个代理商，就是你们今天最崇拜的陈姐。5年前，她就是一个普通的农村妇女，老公在外面打工，一个月挣5000块钱。老公每月寄2500块回家当生活费，陈姐还要负责带两个娃。我想请问，2500块钱能做什么？给孩子买奶粉需要钱，过节购置点儿衣服需要钱，日常开销也需要钱……作为一个32岁的妈妈，陈姐都舍不得给自己买个化妆品往脸上抹。
>
> 哪个女人不希望自己漂亮一点儿？哪个女人不希望留住青春？而陈姐，她的青春，注定在农村，守着两个孩子，日复一日，年复一年；她的梦想，就是陪娃长大，自己就可以坦然老去；她的结局毫无悬念，就是成为村里又一个孤寡老人！
>
> 而那一次，我们品牌刚好在她所在的城市开招商会。陈姐陪着她妹妹来参加我们的活动。在会上，我讲述了自己通过创业改变命运的故事。我们似乎是一类人，但又不是一类人。我与她有极其相

似的过去。不同的是，我不向命运低头，我敢和现实抗争。

她听完我的故事，似乎重新找到了她的希望之光。她勇敢地走上舞台，看着我，说："李总，我想成为你的代理商，我想请你带着我创业。"

我看着她，坚定地告诉她："我愿意带着你！不过，创业起步资金的问题，你必须自己解决。起步的决心，会证明你改变的决心。"

当时成为代理商需要投入10万元。一个连化妆品都不舍得买的女人，这10万元对她而言是天文数字。我看出她的为难，她内心似乎在自我说服。

等了许久，她才说出一句话："我想要改变，我愿意成为代理商，但我现在钱不够，给我一个星期，我把10万元交给你。"

俗话说："有志者事竟成。"陈姐下定决心后，真的在一个星期后把10万块钱拿到了我面前。你们知道陈姐她最早的起步资金是哪里来的吗？老公一个月给她2500元，她存500元，1年才存6000元，存了好几年，才存了几万元钱。她把这些年来省吃俭用存下的钱都拿出来，又把结婚时的金银首饰都卖了，才凑够了这10万元。

陈姐成为代理商的那天，我告诉她："你作为我最早的代理商之一，我能做的，是陪你跑，陪你战斗，如果输了，我来给你兜底！"而后，我们就"牵手"开始了5年的事业长跑。这5年里，我们共同面对了许多难题；这5年里，我们打胜了每场"战役"；这5年里，我们不断争吵；这5年里，我们亲如姐妹。

3年前，是她创业的第二年。她很开心地和我说："姐，我到年

PART 6　收心式：背书换信赖，使命加势能

底就能赚30万元。我能给家人买一些有品质的东西了。2年前，是她创业的第三年，她很开心地和我说："姐，我把今年赚的100万元拿出来买了辆车，奔驰，30万元呢。这个事情，放在以前，我是想也不敢想。1年前，我们的业务迎来急速增长，市场的红利给了我们品牌很大推力。"去年，陈姐很激动地和我说："姐，我全款买了300万元的房子。我老公给人干工地，看到我全款把房子拿下，他久久不敢相信，跪在房子里，哭了一晚，说：'给人干工地建了那么多房，从来没想过有一天能住上自己盖的一套房。今天，我的爱人帮我们实现了。'现在，我是整个家族的荣耀。"

各位，你们知道吗？距离今年的年终大会，只剩两个月。而陈姐，我们的"战神"，今年又打开了12个市场，进驻12个地区，到目前为止，她所带领的团队，总业绩已经达到5000万元。她今年的收入，预计可以突破1000万元！

5年前，谁也没想到，一个普通的农村妇女，可以有如此大的改变。5年后的今天，谁也没想到，一个年入1000万元的"战神"，在5年前，竟然是一个连你们都不如的普通人！而她的命运也因为与我们的品牌结缘而发生了改变。

各位，请你细细品读，我给她设计的这个故事，给她提炼的这个内容，是不是让全场的客户有了完全不同的感受？

不到5%的大客户，听完会觉得，一个普通人做这个事业，今天还能赚那么多钱，这个事业可不是想象中的小买卖。

15%的连锁品牌老板，听完会觉得，这是什么项目啊？竟然能让每年的收入翻几番，赶紧了解下。

而80%觉得自己高攀不起的客户，都会因为这个故事，看到自己的未来，从而决定马上行动。

同样的内容，不同的故事设计，给客户的体验是完全不同的。以上的故事，你依葫芦画瓢，我保证把你过去接触过的所有销售体系，降维打击不知多少个层级了。

如果你想学习，可以联系我，我会把更多讲故事的方法分享给你。

大客户案例，解决专业疑虑点

有人曾经问：

"周老师，在销讲这个领域，有人比你更厉害吗？"

我这样回答：

"如果玩吹牛和造假，市面上比我厉害的大有人在。如果讲话不掺水分、不忽悠、不吹牛，我估计，少。"

他又问：

"那你如何能证明，你是最专业的销讲导师？教演讲的导师千千万，凭什么说你最厉害？"

PART 6　收心式：背书换信赖，使命加势能

我没有直接回答，而是跟他讲了个故事：

我记得2023年8月，我和私域发售界的肖厂长第一次见面。我和他同时出现在一个朋友的课堂上。我没和他打招呼，他也没和我打招呼，因为彼此不认识。

那天我给朋友站台，要上台分享两个小时。我原本是客串嘉宾，结果却成了全场最受欢迎的讲师。现场的品牌代表和老板都围着我，希望我能给他们做营销策划。我都婉拒了，因为当时我正进行自己的营销软件研发。

在人群中，其他人我都不记得，唯有肖厂长，我记住了他。为什么？因为他和我交流的第一句话，就让我非常舒服："周老师，你在讲台上说营销策划168万元，保证至少5倍创收，是否确认？如果确认，我现场交钱，做你出山后的第一个案例？"

我看了他一眼，说："你愿意交，我还不愿意收。如果你的基础很糟糕，帮了等于白帮。"

他说："我好歹也是私域界的王者。我拥有3000万私域，在我的手机号里，谁比我多？！周老师，你线下变现绝对牛，但在线上变现，你可能还要跟我好好学学。"

就这么一个交流，我感觉，眼前的这人不一般。于是，我们展开了更深入的交流。

他说："周老师，大家都传，你是销讲界的王者。为什么我过去没听过你？"

我直接回了句："你孤陋寡闻呗。"

他也没生气，说："只要是线上的IP、大V、知识付费博主，就

没有我不认识的。只有一个可能，那就是你还没在线上出现过。"

我说："对！"

他说："周老师，你知道吗？我一直想找个懂会销、会销讲的老师合作，我想打造他的IP。这些年，我接触了不下50个和销售演讲有关的头部老师。但我觉得，这些人都很浮夸，都很假，完全就是成功学那一套。那套玩法，播放煽情的音乐，老师在台上夸张的演讲风格，搞得会场像传销窝。我都给这个领域的讲师贴上了很不好的标签。我认为，这种销售方式，太LOW。我认为，会销，就是传销。"

我挑了挑眉头，他接着说："我今天听了你的分享，感觉到你身上的气场。你给人的感觉，很高级！很高级地卖产品，很高级地讲。你从走上台到分享结束，没有放过一段音乐，没有任何煽情环节，没有任何托儿，没有激情的语言，也没有各种情绪调动。完全理性！你就是很会抛观点、讲故事，就是让大家很理性地思考，并且在思考过程中，不停论证你讲的内容。你真会让客户在理性思考中自愿买单。你是我见过的国内很多自称'头部销讲老师'中，最高级、最有内涵的。"

接下来，他来了一段使命感召，竟然把我这个原本不计划在线上冒泡的人给邀请到位了。包括这本书，没有肖厂长天天盯着，我也不会这么尽心尽力，逐字逐句地去修改和完善，把这本书的干货尽情演绎。

他说了句："周老师，如果你不出山，不把这套理性的销讲面向社会公布，大家对销讲，对会销一定会有很大的误解。而成功学派的老师，继续会用他们浮夸的方式去'占领'这两个概念的

PART 6　收心式：背书换信赖，使命加势能

'阵地'，这本质上是一种对高效率销售模式的伤害。你给我个机会，我用私域发售，一起宣传你的IP。我要让全网至少20万人认识你！让他们知道，销讲原来可以那么高级！"

于是，我和他的合作开始了。2023年10月，3天直播实现了621万的销讲课营收。据说是2023年发售界的顶流成绩。而后，我的线下课，我给知识付费界、IP界、营销界，再次交出答卷。这张答卷就是：单场1000万元营收，3天可以实现。

所以，国内公域界、私域界、上市公司、品牌企业的老板，都帮你们验证完了，你们还疑虑什么？

我可以很认真地告诉大家，国内头部的知识付费公司、传统商学机构，几乎都派人到现场听我把课讲完了，都在复制我的体系。为什么我从来不拒绝同行来我的线下课呢？我希望，他们学习完能用理性的销讲系统去替代他们根深蒂固的成功学派那种带有忽悠性质的销售演讲。大家只要传播正统的方法，我的内容被大家传播不也是一件好事吗？

各位朋友，这就是我讲的第二个故事，比你专业的人还找你做策划、找你合作，才能彰显你更专业。你知道如何找到你的第二个故事了吗？比如：

冬虫夏草的同行，找我买冬虫夏草吃。

做美容院的老板，来我店里做美容。

大学教授把他的孩子放在我的教育机构，让我培养孩子的自律性。

再次请问，看懂了吗？你的同行、专家，那些挑剔的人，选择你的产品的故事，才能一对多解决客户的疑虑点。

第三类故事，留给读者自己发挥，不妨认真思考一下。

PART 6　收心式：背书换信赖，使命加势能

平台收心，
如何打造立体背书

品牌，是建立在个人，还是建立在公司

讲完内容收心，咱们来聊聊平台收心，从故事的情节，进入平台的公信力建设。

企业要形成公信力背书，那就不能把客户信任建立在个人身上，而应该转移到平台上去。我经常跟很多老板讲，IP无法成神，操盘手才能成神。IP的终局就是爆雷！

人有七情六欲，人有贪嗔痴慢疑。人在高点都容易飘，人都会随着年龄老去，最终尘归尘，土归土。世间万事万物，不能脱离规矩。何为规矩？太阳东边升起，西边落下。"物极必反，器满则倾"，IP着力点在个人，总有一天可能因为这个IP说错一句话而满盘皆输。所以，建立企业品牌，才是关键。

企业品牌下面，可以有很多个人 IP。每个个人 IP，都应该把势能给到品牌。而品牌的公信力，则可以把流量推给新的 IP，形成一个正向循环。

如何打造品牌的公信力呢？

势能，如何做策划，如何获见证

我们要建立立体式的势能背书。

1. 科研背书
你的产品，是否获得技术专利，或者在主流机构获得相关的认证？

2. 荣誉背书
你的产品、你的项目，是否获得行业协会，或者主管部门颁发的荣誉证书？是否参与行业赛事、国际评选，获得较高的荣誉？

3. 媒体背书
你的产品、你的项目，是否有主流媒体进行过正向传播，尤其在官媒，如《人民日报》《光明日报》、新华社、中央电视台等？

4. 官方背书
你的产品、你的项目，是否获得国家的政策补贴，或者成为政府设立的扶持项目？

PART 6 收心式：背书换信赖，使命加势能

5. 名人背书

你的产品、你的项目，是否有优秀科学家、行业专家、明星给你做背书？

6. 客户背书

你的产品、你的项目，是否有大量的客户给予好评，并且主动推荐？

立体式的势能背书模板

类别	内容
科研	
荣誉	
媒体	
官方	
名人	
客户	

1. 科研背书的重要性

举例来说，我有一个学员，虽然文化水平很低，但很会鼓捣发明，他发明了一个可以防水的插排。当我看到这个产品的时候，眼前一亮，这个产品的卖点太突出了：插排扔到水里都不漏电，还能继续用。一个

181

只有初中学历的人，竟然可以研究出这种技术。不过，他的学历背书太弱了，就算他为这个技术申请了专利，客户也会因为发明人的学历过低而质疑这个技术的专业性。

我给他提了个建议。我说：

你有这个技术，我建议你找中国科学院，或者找某所知名电力大学的教授，给你的技术升级一下。为什么找他们？他们有科研背书！未来产品上市，上面标注着这些权威机构共同研发的技术背景，你的产品所面对的来自消费者的质疑，就会大幅减少。

同理所得：

开中医馆，如果你的股东有国医背景，客户自然愿意把心交给你。

开科技公司，有个技术骨干出自华为或者腾讯，客户会觉得你技术更靠谱。

以上，我称为"科研背书"。

2. 荣誉背书的重要性

如果走进你公司的门，第一眼看到的是一面荣誉墙，你觉得客户会如何看待你们公司？

PART 6　收心式：背书换信赖，使命加势能

飞算科技的荣誉墙

　　上图展示的这家企业，是来自深圳市南山区的国家级高新科技企业——飞算科技。这家企业专门为央企、国企、银行、医院等，提供大数据处理、软件开发、人工智能场景运用等业务，企业成立至今获得了200多项科技大奖。然而，这家企业有个特点，就是团队的表达能力有所欠缺。不过这些是后话，只要客户来到他们企业逛一圈，这个氛围感，就能激起客户跟他们合作的欲望。为什么？

　　在客户的口中，我们得到的评价是：他们的势能太高了！技术太牛了！

　　其实，我有时候挺纳闷，一群不懂技术的人，是如何对一个公司发出"技术太牛"的评价的？

　　大多数客户对飞算科技的评价，很大部分都取决于他们进门的时候看到的这面荣誉墙。一般而言，一个公司能拿出十几项专利和荣誉已经很不错了。而飞算科技展示的荣誉竟然有 200 多项！更别说，还有很多荣誉奖项没有位置放，这面墙上放的只是公司认为最重要的、最值得展示的。

未来，当你质疑我专业技术如何的时候，我一定让你在我的专利技术和荣誉展示墙前看一遍，有所了解后，咱们再做交流。

3. 媒体背书的重要性

我先请你回答几个问题：

  如果一个人，接受过中央电视台（CCTV）的采访，你觉得这个人如何？

  如果一个公司，被中央电视台（CCTV）宣传过，你觉得这个公司如何？

在大家的认知中，电视媒体、报纸杂志都是具备公信力的媒体。虽然今天短视频平台的覆盖人群更广，传播力度更强，但大家都认为，短视频平台上有很多泛娱乐的内容，其真实性还有待商榷；但要是上过电视和报纸，就完全是两码事了。

你有没有想过，自己也能够创造机会，登上报刊或电视？

可以说，很多商业人士对传播工具的使用很陌生。其实，很多电视栏目，会做一些人物专访和品牌专访，如果你的产品不差，没有质量问题和舆论问题，都可以通过努力，登上这些平台，获得专访的机会。

PART 6 收心式：背书换信赖，使命加势能

不过，越权威的栏目审核越严格。地方电视台的审核相对宽松一点，当然，基本的审核标准是一致的。而你要做的，就是每次接受采访、登上栏目的时候，一定要把相关的照片和视频留存。

之后进行二次传播，做项目路演或者会销传播，都非常有影响力。

我曾经有个在重庆卖香菇酱的学员。这位老板一辈子都是工匠思维，都在研究产品的口味。在我看来，她的营销非常薄弱。每次聊天，她都会和我说，自己上过很多电视节目，接受过很多官方的接待，有很多网红给她带货。

我在想：你说的是真的吗？如果是真的，为什么你们的营销如此薄弱。我在任何地方都没有获得证明你们产品足够优秀的信息。

这位学员逢人就讲她的产品，说有多少人支持她。但每次的效果都很一般，大家认为，她这是王婆卖瓜，自卖自夸。

后来，我成了她家的营销顾问，体验过她家产品后，我就被吸引了。这么好吃的东西，怎么会卖不好？她和我说过，杭州带货一姐，直播卖过她家的货，我开始不信，后来一打听，还真是事实。我又开始求证，她曾经和我说过的地方政府的支持，结果全部是真实的。

那一刻，我真想准备一万字的训人稿，把她"训"一遍！你什么都是真的，为什么都不留档，不做成背书图片，不做成背书案例。又是三八红旗手，又是当地政策扶持案例。后来，我慢慢理解了她，当一个人有了营销思维之后，可能就缺乏工匠思维了。

我找自己的团队替她把过去的案例，以及在各大电视、报纸出现的图，都整理了一遍。经过梳理，一个有血有肉有势能的工匠形象就出现

了。她的背书太大，大到用嘴讲显得很假。所以，必须有图。

　　自从我们给她设计了宣讲方案以后，她去任何场合，按着我们给她设计的介绍，把图一放，故事一讲，效果立马就不一样了。大家很快就能了解她优秀的产品，认识了这个踏实的老板。她的香菇酱就成了非常畅销的产品。

4. 名人背书的重要性

我们先来看一段对话：

A：你是营销专家吗？

B：对，我是！

A：你擅长什么？

B：营销中的项目定位、产品策划、招商体系、会销设计、线上发售，都很精通。

A：精通到什么程度？

B：能帮助项目业绩增长30%以上。

A：你辅导过多少项目？

B：我辅导过756个项目，各个行业的公司都辅导过。

A：具体有哪些？

B：有家公司，叫XXA，你听过吗？我帮这家公司业绩翻了3倍。

A：没听过。还有吗？

B：还有家公司，叫XXB，做美业的！我帮它招了100个代理商。

A：没听过，还有吗？

B：还有家公司，叫XXC，做餐饮的。我帮它的门店开业卖了50

PART 6　收心式：背书换信赖，使命加势能

万元储值卡，开业就回本。你知道吗？

　　A：没听过。

　　B：没听过没关系，我给你讲讲他们的案例。

　　A：你说吧。

　　B：你可以这样……

　　A：好吧，我去验证下，下次见。

很多人在业务上都遇到过以上尴尬的情形。你的成功案例很多，说明你的能力也很强，但是在业务推进的过程中，无法快速成交客户。为什么？

原因很简单，背书不够，案例缺乏代表性。客户对你的案例信赖度不够，所以，说了等于白说。我经常跟我的会员说，案例不需要多，1000个小客户案例不如3个行业头部案例。与其花10年去服务1000个小案例，不如花1年去深耕3个头部案例。后者的商业价值，明显更大。

头部案例，尽人皆知，因此，自带传播属性。小案例，无人知，你就要重新塑造，重新解说，时间和成本都耗费了，还拿不到相应的结果。

所以，名人背书是很重要的。名人背书会帮助你直接获得势能高位，第一面就让客户建立信赖。如果你有名人背书，又有头部案例，你和客户沟通所产生的效果会发生重大的变化。我们一起尝试，把上面的内容重新编辑：

　　A：你是营销专家吗？

　　B：是不是不好说，只是成功案例比别人多一点儿而已。

　　A：你做过哪些案例？

　　B：你直接告诉我你是哪个行业的。我告诉你我在这个行业的案例。

A：嗯，我是知识付费领域的。

B：哦。你们行业有几个头部 IP，公域头部的大蓝先生，有 900 万粉丝那位，你认识不？

A：哦，我知道，我认识。

B：他 2021 年 10 月，线下单场活动成交业绩，从原本 100 万元增长到 1000 万元，你知道这个事情吗？

A：听过，他们线下的转化做得蛮牛的。

B：对，是我策划的。

A：真的吗？

B：给你看个见证视频，我辅导他的全流程资料都在这儿。对了，你所在的知识付费私域头部 IP 叫肖厂长，你认识不？

A：我知道他。

B：2023 年 3 月底，他一场活动从原本 150 万元增长到 1800 万元，11 倍的增幅，你知道不？他都发朋友圈报战绩了。

A：我听说了。

B：那就好，你有他的微信，看看他朋友圈发战报的图，旁边有个人，你看看那个人，像不像我？

A：肖厂长的线下体系，也是你们做的？

B：你如果认识他，给他打个电话不就能确认了。

A：那不用了，你真牛！

B：哎哟，没啥。你的体系，我来策划，也是一个结果。百万粉丝博主陈晶、跨境女王笛子，经过我们策划，线下业绩几倍地增长。你需要的话，我派团队给你策划策划。结果式付费，抽佣合作就好。

PART 6　收心式：背书换信赖，使命加势能

A：具体怎么合作呢？

B：我们要审核一下项目，看看你基础够不够，我们才能决定是否开展合作。毕竟，结果式付费，风险在我这边。所以，我们选项目会谨慎一点儿，你也要理解。

A：明白。

B：我们不喜欢拖拖拉拉的客户，天天排队找我们的很多，我们没时间去耗。大家都要有诚意，确定合作，拉项目组，我们投入人力，做好时间进程表。工作明确到位，谁拉后腿，谁给对方赔钱。你要尊重我们的人力成本，也要尊重自己的时间，可以不？

A：没问题，没问题。

B：明天，我先派团队对你做个前调。过关了，我们再计划下一步。期待能合作啊。

A：好的，好的，全力配合。

请读者感受下，什么变了？没有大客户案例，在谈合作的过程中，你会处于弱势地位，最后变成"乞求式销售"。如果有大客户案例，不谈方法，直接丢几个大客户案例过去，拿几个名人案例做背书，这种谈判，你掌控着主导权，势能位非常高。有名人案例和没名人案例，结果是不同的。

送给创业的伙伴们一个建议：

宁愿不赚钱去服务 3 个行业头部客户，也不要为了赚钱急着去服务小客户。

创业初期，案例和势能比钱更重要。

使命收心，
直击灵魂深度感召

对比前两种收心的方法，最有杀伤力的，一定是使命收心。

何为使命收心？要给客户描述你创业的初心，你做产品的初心。客户愿意把钱给谁？愿意给能为他解决问题、考虑问题的人。而你公司的创立，就是为了解决社会存在的某个问题，解决竞品无法解决的问题，这样你的公司就有社会价值，你本人就有社会责任感。

客户对产品的理解，是理性的，但对人的认知，是感性的。

95%的人不会使命感召法

我很遗憾地告诉大家，在我过去13年的商业生涯中，我发现，会用使命感召法的人连5%都不到。95%的人，穷极一生，都无法使用这

PART 6　收心式：背书换信赖，使命加势能

个我认为销售当中最有魅力的方法！

为什么？使命感召法，本身就不是一个技巧、一个工具。它是内心力量的释放，是真实故事的呈现。

我很直接地问你一个问题：你创业的初衷和使命是什么？

有人说，我想赚钱！对的，95%的人，创业和工作就是为了钱。哪里有钱往哪里去。你说有什么使命？没有，只有一个目的：赚钱。我不是说赚钱不对，包括我目前也需要赚钱。但是，有使命的人赚钱，和没使命的人赚钱，完全是两码事。

有使命的人，钱只是他的工具，他一定有一个很好的发心。这个发心，是为社会解决存在的问题，是为客户解决存在的痛点。因此，他们讲项目，会真情地演绎出自己做项目的初衷，这种感觉很容易让人直接跳过理性，进入感性状态。这类人做产品、做交付，是认真且投入的。

没使命的人，纯粹以赚钱为目的。在客户价值和产品交付的选择中，往往会倾向于赚钱。对于产品的迭代、客户的服务，一定不会持续精进。而且，发展的过程中，没有初心，没有出发的原点，哪里有钱就往哪里去，最终的结果，就是成为一个没有根基的企业，在任何赛道都无法做深做透。创业很多年，公司换了好几家，客户换了好几拨，产品上了好几轮，什么都没沉淀下来，自然就没有品牌价值。

如何甄别有使命感的人

判断一个人是否有使命感,要看其是否具备以下几个要素:

1. 多年坚持一个事业。
2. 持续为客户创造价值。
3. 不停投入产品研发。
4. 拥有忠诚的客户粉丝。

在我的内心中,我一直很敬佩一种人——十年如一日地坚持一个事业。事业不分贵贱,在营销的世界中,踩中风口的项目常常比没踩中风口的项目赚钱百倍。但那又如何?曾经有人做过调研,一个人终身财富有2亿元,一辈子花不完。而任何一个事业,只要坚持做成头部,都可以做到10亿元的体量。也就是说,一个人想要达到2亿~3亿元的财富,这是100%能做到的。当然,职场人士要降低目标,在一个这样的公司工作,年薪100万~300万元,也属正常。

如果按这个逻辑去推算,踩风口好像也不是那么重要了。条条道路通罗马,财富自由,所有的行业,都能支撑你实现"小目标"。而能十年不变,深耕一个领域,玩透研究透的人,必然有个特点——他不去关注认知以外的钱,会更多地去研究认知以内的项目。

我有个朋友,每年都约我见面3次以上,但我都避而不见。为什么?从朋友的角度,他绝对是一个努力的人,很会用朋友圈做营销。一天发7~8条朋友圈,都在讲自己的奋斗史。一开始,我认为这是一个很精进的人。结果 3 个月不到,我就看到他做其他项目了。我问他为什么,他说:"我投资了多个领域。"但,从此就没看到原项目的任何消息。过了半年,又换了个项目。我和他认识 3 年,看到他换了 9 个项目。

后来,我给他贴了个标签:这是一个努力的穷人。每次都说要全力以赴地投入项目,每次换项目比换衣服还快。你真以为自己脑袋好使、会抓风口,实际上,你一次又一次伤害了选择和你合作的客户和朋友。3 年时间,我看他事业没有增长,业务也没有太大起色。

后来,我看到,和他同期一起发展的竞争对手,3 年深耕一个领域,虽然不能说大富大贵,但比我那位朋友的事业好太多了。曾经被他放弃的行业,都出现了做得不错的公司。证明什么?商业要做深,而不是做广。

因为做深,才能洞悉客户价值。

一个人的标签,需要用时间和案例累积起来。例如,我的标签,周宇霖等于谁?我从 2012 年做销售员,一直接触的就是营销。卖课、卖货、卖代理、卖股权,帮助众多学员卖过不同的产品。因此,我很年轻的时候就想清楚了,我终身就研究一个字——卖,卖什么?如何卖?

(1)卖产品、卖模式、卖股权;
(2)线上卖、线下卖、全球卖。

虽然外界给了我"营销天才"的评价，但我从来不想承认。我认为"天才"这两个字，实际上是否决了我十几年来对客户的价值的投入。

我记得2018年，我开发出我的第一套产品——销讲课程，是为了让老板站上舞台，一对多去卖货。我认为，再差的老板，只要敢于开口，学会销售演讲，学会提高卖货的效率，他的事业是可以有所增长的。

到了2019年，我发现，很多老板只会靠自己卖货。销讲能力上去了，但是组织效率没有提高。无非是自己变成了超级业务员，事业卡在千把万，突破不了。老板个人时间和精力是有限的。怎么办？可以使用招商的杠杆，找更多人来帮自己卖货。因此，招商品类就出现了，我教老板们如何设计招商模式，如何卖代理，如何会销。我们很多的会员，业务营收纷纷破亿。

到了2020年，疫情给经济造成了较为严重的冲击。而我也寻思，疫情之下，一对多卖货会被限制。可以在线上，通过直播和短视频去转型。但我的学员，都是做传统企业的，思维和意识转化得不是那么快速。所以，只能回到一对一卖货。而一对一的效率如何更好，团队成交力如何更精进？为了深入研究，我走进阿里集团，学习了业务铁军系统，打造企业SOP流程。并且把这套体系带给中小民营企业。大家纷纷在这堂课中找到了如何让企业自转，让老板解脱的方法方式。

2021年，我和老板分析线上营销的布局链路：短视频引流——私域运营——直播变现——招商裂变。我成功让众多百万粉丝的大V（今天不少已经成为千万大V）成了我的朋友。当时我对线上流程不熟，但我引进了众多资讯给我的会员们。

2022年，我发现，简单的线上转型就是工厂去找代理商，直接和终端客户合作。这种模式，对企业多年累积的经销网络是有重大伤害的。可以更新营销工具，让总部搭建营销中台，赋能到经销渠道去。相当于，总部做短视频，经销商转发；总部做直播，经销商转发；总部做活动，经销商转发。这个赋能逻辑，能让线上线下的一体化营销获得成功！而当时国内还没有这样的工具，因此，我投入了3000万元，开展了为期3年的科技研发。而这次投入险些导致我个人破产，幸运的是被两个高能量的股东给救回来了。

2023年，ChatGPT和Midjourney进入公众视野，大大提高了营销人的内容创作能力。我马上成立小组，对此类工作做深入研发。并且在2023年3月，开办了国内较早一批的AI营销培训班。

有人会说，你不也是抓风口、抓红利，不停地换项目？我是换赛道，是围绕一个项目不停地迭代产品。人要想有使命感，重要的是以下两项：

（1）是否持续为客户创造价值。
（2）是否不停投入产品研发。

我可以很负责任地告诉大家，营销界的大多数人有个一招半式就希望吃遍天下。而我在行业深耕多年，并且每天都陪着企业发展，我很清楚，中小民营企业要的是把货卖出去，把钱收回来，让企业活着！

每个时代都有它的红利。而老板对营销的敏锐度太低，自己学习太慢。因此，我有义务帮他们总结，帮他们归纳！把最新营销资讯给到我的会员。我每年升级一次课题，每年新增课题。并且，我是行业为数不多的敢投资几千万元去研发软件、研发工具、帮助企业提高组织效率的营销系统的人。

所以，我的756位会员和我合作至今，已经7年有余。大多数会员每年都会复购我们的产品！每年复训率达70%，这些会员都是我们产品品质的见证者。

我记得，我每次在课上讲这段创业经历，都会有老会员发朋友圈表示，这个90后年轻帅气的老师，是一个真正有使命感的老师。而我也践行了当年对他们的承诺：我会作为营销的创新者，站在浪潮尖端，为大家保驾护航！

如何学习使命感召法

对于这个方法的教授，我一直持谨慎态度。运用使命感召法之前，你必须清晰地跟自己对话，问清楚自己到底是一个什么样的人，问清楚自己是如何看待商业世界的。

如果你认为，你愿意为一个行业，为一群客户，持续投入，做成某个领域的细分冠军，并且让国内的产品走向世界，去服务更多的人，那就说明，你已经找到了使命的原点。

我送你一张表格，你可以试着把自己的使命发心填充进去。

使命感召法使用模板

分数	具体表现
一、社会场景	我看到、听到
二、萌生想法	萌生了一个想法 我有一个使命
三、设定目标	我的目标
四、为之付出	为此做了 N 个决定
五、发动感召	你相信我能做到吗？您愿意支持吗？

如果你带着你的使命来线下课堂找我，我也非常欢迎。我将言传身教，为你传授仅有 5% 的人才能驾驭的方法。而且，我会和你分享，如何用使命去交往优秀人才，去融资，去开拓渠道，去吸引一切事业需要的资源！

PART 7

促单式:
定价定江山,
定价即收心

做好收心式,要明确客户此时的关注点是什么:花多少钱,给我什么产品!即需要进入成交环节。而成交前,做价格抗拒点的解除,是必要的。

接下来剖析促单式。

PART 7 促单式：定价定江山，定价即收心

市场价，
10倍拉升产品价值的设计

促单式，涉及整个销售设计中的价格模型：三个价格（市场价、优惠价、完款价）怎么设计？如何让市场价格虚高？如何让客户的心智把价格锚定在那个价位？如何放出优惠价，才能让客户感觉捡到了便宜，在限定时间内非买不可？还有，怎样在最后再放一个完款价，给客户一个感觉：我今天必须立刻买单，这样才能额外获得赠品福利？

很多人在做了销讲之后，总是卡在收钱环节。其实收钱并不难。根据我的经验，这些人之所以觉得成交难，主要有以下三个原因：

第一，介绍的时候，没有把整个产品的卖点介绍完。相当于说，客户看不出这个产品跟其他产品的区别在哪里。

第二，没有把客户的需求与产品的匹配程度讲明白，也就是没有让客户明白这个产品能解决的核心刚需是什么。

第三，在讲的过程中，没有消除客户的抗拒点。

那么，如何判断自己以上这三点有没有做到位呢？需要做三点分析。

1. 匹配度

在开展销讲分享的过程中，你可以看看客户与你互动的积极性高不高。根据互动积极性，就可以大概估算出产品与他的匹配度，以及他对产品的需求度。

假如客户觉得这个产品跟他的匹配度不高，他全场都不会跟你互动。换个角度来讲，他就跟听天书一样，完全处于游离的状态；但如果客户很认真地听你的分享，并且做了详细的记录，那就说明你的产品正是他所需要的。

2. 卖点度

客户看产品的整个过程中，是否会拍照，是否会做一些记录？有没有把他过去看到的产品或者信息跟现在的产品进行对比？这个点很关键，一般来说，客户对产品进行拍照，往往是为了进行新旧产品的对比。

这也是为什么我们在做销讲的时候一定会有互动环节，也一定想办法让客户去拍照，这个过程，其实是客户在不停地做测试。销讲过程中出现的任何场景、图片，都可以测试客户是否有意愿买单。

而且，销讲者在现场就像一个超级雷达一样，时刻扫视全场的观众。新手老师则不然，一开始的时候，他不需要扫视全场。假设，今天现场有100人，你锁定10个精准客户，全程只盯住这10个客户分享就够了，其他 90 个都不是目标客户。

因为你一开始的幅度不够高。或者说，你一开始只做 20 个人的小场，时间长了，等敏锐度和感觉都训练出来之后，就可以逐渐放大扫视的能力了。

3. 价格是否会让客户产生惊喜感

对于客户来说，产品本身贵不贵，是和他的消费能力相关的。比如，一个 1 万元的包包，你找个有钱的富太太来背，她未必肯背，她怕是假货；但是你找一个贫困的农妇来背的话，这个包包的价格，对她来说，就是天文数字。所以，你不能简单地以价格来定产品贵不贵，这只是一个感觉，是要靠客户的认知来确定的。

乱送产品，成交必出事

现代销讲中，定市场价和优惠价的环节，失误的概率不高。失误率高的是定款价。之前我们有一个在浙江做跆拳道的会员，他的跆拳道产品原价是 9000 多元，其实客户从一开始就认了，最后他在台上宣布优惠价 6000 多元的时候，全场观众都欢呼雀跃。

他拍了照片给我看，我当时觉得，他这场活动的成交率应该会很好，但等了半天没有任何消息，第二天也没有任何消息。

后来，我打电话问他："什么情况？怎么没消息了？"

他说："完蛋了。"

我问他:"那你是在哪个环节出问题了?"

他说:"不知道哪个环节出了问题。"

我说:"那你把录像给我看。"

后来,一看录像,我就明白了。看客户的反应,就知道他的销讲是蛮成功的:他宣布完款价 6000 多元的时候,客户直接起跳了。

可是他没有成交,为什么?因为他在宣布完款价的时候,给客户送了很多礼品,他认为礼品送得多就能出单。

其实不是这样的,他送钢琴课、课外辅导书,还有其他乱七八糟的五六种产品。但是他在销讲中都没有讲过这些赠品的价值,等到把赠品一送完,客户就蒙圈了。

他们会有疑问,这个课是谁讲?什么时候上课?这个课是什么性质的?满脑袋全是"what"。

最后客户就会这样想:那就等我了解之后,再选择报还是不报。

你看,原本这场销讲是想用赠品来促进成交,最后却因为赠品的非确定性,把整个成交给搞砸了。

所以,说了完款价后的赠品不能乱送。除非是这样的赠品:

第一个,名品。比如,华为手机、爱马仕包包,别人一听就懂,这些东西的价值都不需要塑造。

第二个,被塑造过价值的产品。就是在销讲的时候讲过的产品。

第三个,权益。比如,原本花 6000 多元买了 30 堂课,我现在多送你 10 堂课,这不就是权益放大?这也是不用说就可以到位的。

PART 7　促单式：定价定江山，定价即收心

赠品，就是不要让客户去思考的产品，不要让客户产生新的问题的产品。

价格政策，其实是一个整体。销讲的时候，要考虑到市场价、优惠价和完款价之间的整体架构。

价格政策要顺应心理

如果商家抓住了消费者的心理，就能产生很好的效果。

比如，我们逛超市的时候，发现橘子正在做促销，黄澄澄的橘子堆上挂着一个价格标签：原价 9.9 元 / 斤，又在上面画了一个很大的叉，现价 3.9 元 / 斤。这样的价格设计，很可能就会引发大家抢购。

结果买两斤还送一斤，那不就是一个市场价、一个优惠价、一个完款价吗？超市做的促销，本身就是围绕这个价格逻辑去设计的。

还有，买房最开始的时候，销售是不是先告诉你这套房现场购买的价格是多少。假设 10 万元 / 平方米，今天现场买单打 95 折，现场买单前 100 个可以砸金蛋，金蛋里面冰箱、彩电、沙发任选一个。你看，这也是类似的营销手法。

当然，如果你的价格设计得不合理，别人也不会买账。比如，市场价定了 100 万元，现场买单价 1 万元，这就代表着实际买单价和市场价，相差了将近 100 倍。一般来讲，市场价比优惠价浮盈 0.5 ～ 1 倍，都是合理的。

其实，客户就是希望价格比他想的更低，还能得到更多的赠品（或服务）。所以，我们销讲人在最后促单的时候，既要满足客户心理，又不额外给予更多的优惠。

关于这部分内容，我想说的是，**善用价格政策，要让客户感觉到他不光买单了，而且赚到了。**

你想一下，过去在这三个价格的设计当中，你在什么场景下被诱导买单了呢？

对产品进行定价的时候，必须让价格跟价值画上等号，而且要突破客户的认知价位，因为客户一开始会以自己的认知价位来看待产品。我们必须用市场价来改变客户对产品的定价，无论他认可与否，我们要让他感觉到，原来这个产品可以卖得那么贵。

市场价怎么定才合理

市场价必须符合市场公允度。比如，同行都卖 100 万元，他却直接定价到 1000 万元，这样定价很不合理，肯定卖不出去。具体而言，有这样两种方法。

方法一：同行分析法。

定价的时候，要看看市场上同行对这种产品定价是多少。

方法二：跨行对标法。

假设市场上没有同类型的产品，你就要跨行对标。因为，任何产品都不可能没有替代品。

市场价不需要让客户有绝对的信服感，只要定价在合理的范围内，甚至略高出同行的产品 0.5～1 倍都没问题，因为这个价格不是最终的成交价。

在销讲的过程中，一定要和同行进行对比，比如说生产工艺的对比、材质的对比、研发的对比，为什么客户最终会愿意多花钱买你的产品呢？因为在你讲的过程中，他内心已经在做对比了：你的生产工艺比别人（同行）的产品好在哪儿？材质比别人（同行）的产品好在哪儿？研发比别人（同行）的产品好在哪儿？

拿小米汽车的电机来举例。

工艺方面，一般的电机是 2350 rpm（每分钟转速），同行里已经量产的电机是 2500 rpm，小米超级电机 V6 和 V6s，转速高达 21000 rpm，而 V8s 的最高转速甚至达到了 27200 rpm，直接就把产品抬起来了，相当于说他这个电机是全球最好的，他的价格比别人高就是合理的。

然后讲材质上的对比，也就是告诉别人，产品的造价比同行的高多少。要注意，只要把价格浮动的区间讲出来就行了，不用说到底贵了多少钱，比如，"高于同行 20%""高于同行 30%"，类似这样的说辞。

接下来讲，在研发上，讲投入了多少资金，研发团队如何优秀，研发团队的能力高于同行多少，主导研发的人员年薪达到多少，研发成本占比是多少，研发成本是同行的多少倍，等等。这样讲的话，大家一定会算你的产品到底比别人的贵多少。算后，就能明白，原来你的产品比别人的产品价格贵，是合理的。

产品好，你该怎么验证

销讲的时候，光说自己的产品好没有用，客户认可才行。如何让客户认可呢？需要验证。要讲给他们听，我们的产品有多少专家验证，有多少客户验证，他们一致认为我们产品的规格和质量比同行的更好。

比如说，比亚迪的"仰望"系列就营销得很好。仰望 U8 对标的是奔驰大 G，无论是车身的长、宽、高，还是它的越野性能，以及它的智能设备、材质、舒适度等，完全是参照奔驰大 G 的标准来设计的。对比下来，在数据上，比亚迪"仰望"系列没有任何一点比奔驰大 G 差，包括车里面的硬件功能和软件功能，比奔驰大 G 并不逊色。

这款车会给人一种它起码值 200 万元的感觉，而且在没公布价格之前，那些搞测评的人通过数据对比，也认为它是值 200 万元的车型。

把所有的数据都堆出来之后，人们发现它完全比肩奔驰大 G。大家都以为，在国内是不是要加价到 300 万元了？没想到上市价格是 109.8 万元。在"仰望"发布会一公布价格的时候，大家都纷纷预订它。

连环价，我们这样锚定

定价格的时候，还涉及连环价值的锚定。

深圳有一家做教育的公司，他们的产品最贵，一个教育案例就是 500 万元起步，他家的业务是专门给富豪的孩子做培养，当时公司运营也很困难，而且便宜的低端产品有人买，高端产品卖不动。后来，我给他们讲，定价要么就极高，要么就极低。既然你们已经有了价格极高的

PART 7 促单式：定价定江山，定价即收心

案例，就把这些案例拿出来，告诉其他人你们具体辅导了哪些富豪的孩子。任何人找你们来辅导，就先告诉他们：

"我们一个案子500万元，您可以先去我们公司看为什么我们值500万元。"

给出一个理由。例如，谁家的孩子是你们辅导的，先把案例抛出来，再讲讲这些名人为什么愿意花钱来找你们做辅导，做整个升学的规划。

他们听了这些之后也会有想法，为什么价格这么贵？市面上200万～300万元的产品，你怎么就能要到500万元呢？

人有猎奇心理之后，就想去现场看一看。你们把这些人带到公司之后，再按照板块分类进行专门的讲解：教育体系值500万元的缘由是什么，师资值500万元的缘由是什么，教学路径值500万元的缘由是什么，升学规划值500万元的缘由是什么。就等于说，每个环节都在跟客户讲，为什么这个方案值500万元。

假设，你没有先把"心智铆钉"锤进去，没有告诉客户你的案例值500万元的话，直接带着客户在公司走，客户可能觉得你这里很棒，值3万～5万元，他们意识不到你案例的价值。但是现在不同了，你现在论证的是案例的价值，你的教育案例值500万元。公司环境和案例的价值，此时完全是两码事。

当客户觉得你的教育方案与众不同的时候，你再告诉他们，如果想合作，可以把孩子带来进行评估。今天你第一次进来，交3万元的定金，

可以先对你的孩子做横向评估,看你的孩子未来去常青藤学校的概率有多高,当评估了你的资产以及孩子自身的能力之后,如果都没有问题的话,再收你这500万元。

假设孩子上不了常青藤学校,全额退款,假设孩子最后成功考上常青藤学校,那这500万元就是公司的。这里面还包含"对赌"的内容,其实让孩子上常青藤学校也不难,对赌10个必成7个,因为机构把孩子按常青藤学校的标准去培养,考上常青藤学校的概率就会非常高。

然后,在这500万元中,拿出100万元,请名师指导,再按照既定的培训流程,孩子大概率能考上。这就像我们从小培养一个孩子学艺术,是一样的道理。其实,营销过程,就是一个价格锚定的过程,它不仅仅是简单地展示一下产品的价值,而是要基于某一个价格和某一个价值点来匹配的,并且要有把"心智铆钉"锤进客户心智的过程。

想要定好价格,一定要记住:必须让价格跟价值先画等号。

生活中,你有没有见过这种阶梯式的价格锚定,最后让自己买完产品后觉得还赚了的经历呢?

PART 7 促单式：定价定江山，定价即收心

优惠价，
客户被成交还很爽的设计

客户基本上都有贪小便宜的心理，如果给他一个优惠的价格，会促使他现场做出购买的决定。

打折、优惠，其实是在给客户理由，让他产生立刻购买你的产品的冲动。

优惠价，要警惕这些错误

实际上，很多企业对优惠价的设置是错误的。真正的优惠价，应该设计成"感觉上打折，实际没有打折"。

比如说，一包糖的价格原本是 10 块钱，但因为市场竞争，打折变成了 6.5 元，请问，客户以后愿意花多少钱买呢？客户永远会以购买产

品的最低价为锚定价。你会发现，只有定价是 6.5 元的时候才卖得掉，10 块钱就卖不掉了。

现在有很多品牌方找网红带货。在我看来，只要找过网红带货的品牌，以后几乎都要换包装。因为原本在线下卖 10 块钱的产品，到线上卖成 5 块钱，有的还买一包送一包，这样虽然能带来短期的销量，但是客户花过 5 块钱买一送一后，还会在线上花 5 块钱买同样的产品吗？他还会去线下花 10 块钱买同样的产品吗？根本不会。现在有很多快消品的价格设置是错的，把直播价、线上价、线下价全分离了，客户又不傻，怎么可能以三个价格去买你同样的产品呢？

这种错误的操作，就会导致这样的情形：只要品牌搞直播，客户就买，给品牌带来一个阶段性的光环。然后，整年都不买，就等降价的时候买。如果你一直不降价，客户看到你的同行打折了，就去同行那边买产品，你的"忠诚"客户马上被打折的产品带走了。

想要避免这种情况的发生，有一个很简单的办法。那就是线上线下的价格保持一致，但是线上可以给赠品。线上的优惠价其实是让客户感觉优惠，但它并不破坏产品本身的成本结构。

比如，一个产品的价格至少要定到 10 块钱，才有合理的利润。那么对外塑造的价值就应该是 15 块钱，最后打折成 10 块，这样定价不会侵害你原有的利益。

优惠价，定价依据是什么

制定产品的优惠价，主要有这么两个依据。

1. 优惠价比市场价低 30% 左右，客户就会产生消费冲动

优惠价比市场价拉低 30% 以上的幅度，客户就能感觉到优惠，有付款的冲动了。

假如，一套房 500 万元，打 95 折，优惠了将近 25 万元，客户会有感觉但是不会马上行动，如果你告诉他，打的是 7 折，优惠了将近 150 万元，他马上就行动了。

2. 比同行的产品更有竞争力，更有优惠

优惠指的不仅仅是价格低，有的产品就是比别人质量好，贵点儿很正常。产品的竞争力高不高，还是取决于市场价值的论证。只要客户认可你的市场价，怎么设置优惠价都会赢的。

优惠价，不同产品怎么定

很多人之前是没有定过三重价，甚至没有优惠意识的，客户现场买单的理由就减少了。

当然，不同类型的产品需要采取不同的定价方式。

快消品一般不大适合采用多重价格的方式，因为它不能通过人为传播，而是通过广告和大营销传播的。价格恒定的情况下，大家都知道这

个产品有没有打折。

像"简一",当时是大理石行业第一个提出明码标价的品牌,产品一点折都不打。实际上,在这之前,他们会把产品价格定得很高,然后打两三折来卖。

它在做产品的营销过程中,顾客就会担心他们吃回扣,钱是不是给设计师赚了?第三方要不要找关系?或者是我这个时候买会不会交智商税?

后来,"简一"大理石声明,明码标价。虽然它前6个月没有业绩,后面业绩猛地提高很多。这就形成了品牌效应。

需要教育客户的产品就不一样了,它一定要有优惠。这样的产品需要教育环境,要现场买单出单,它是需要人为干预的。

比如,健康类的咨询产品之类的都是需要人为干预的产品。

优惠价是在市场价的基础上做的,我为什么敢收168万元?因为我已经收过500万元了,我就有证据证明我能做500万元的咨询。所以,500万元是我的常规收费,是市场价,168万元就变成优惠价了。

你有没有发现,自从我给肖厂长交了100万元之后,肖厂长的势能一下子就提高了,我第二次去他课堂的时候,发现他其实没有真的收过100万元,赚肯定能赚到,但是他都是通过合作分成赚到的钱,相当于说,他的产品值多少,是没有一个具体定价的。

当时,我一眼就看到了这个问题。他的专业度再怎么好,都是没有被市场定价的,我觉得这个人值得帮,所以我带头给他掏了100万元,我对他说,你必须有一个价格百万案例,我给你把这个钱交了,你接下来就能收到更多的100万元，只要你有3个100万元，就立住了"江湖"地位，就是百万发售的策划者。

总而言之，理解客户的心理，才能规划出促进客户现场买单的价格。

思考一下，你能不能找出你看到的10个优惠价？

完款价，客户现场刷卡签单的设计

所谓完款价，就是让客户在现场必须立刻买单的价格。一般来说，用完款价买单的产品，具有稀缺性，是限时限量的。

完款价，礼品代销模型

完款价是个礼品代销模型，跟优惠价没有绝对的关联，更不会产生冲突。

举例来说，买车现场可以砸金蛋，问题是桌面只剩下 20 个金蛋了，但是有 30 个客户在选购。那就谁先买完谁先砸，这和我产品的价格没有绝对的关联，既是出单环节，也是给购买者的福利。

再举个例子，我们在给一些地产商做规划的过程中，出现过买房子送汽车的情形，送的汽车还是奔驰。一套房子的首付，也就30万～40万元，一辆奔驰全款就30多万元了。

业主在选择购买的时候，肯定会有猎奇心理，他们都会想，自己可能买完房子之后再顺便把车开回去。这时候，与其他楼盘对比下来，业主们更愿意选择送车的楼盘，因为他会有一个衡量的心理。

为什么当时选的是送车不是别的呢？因为车是营销中最大的噱头，我还会送彩电、冰箱之类的，而车是我最核心的一个赠品。

完款价，要定礼品福利

一般来讲，要把所有销售额的 5% 拿来做促销，再把其中的 50% 放到最大的奖项当中。

要注意的是，这个奖品必须是他买完原本的产品后，又很需要的一个产品。

比如，美术机构搞活动的话，原本 700 元一堂课，以原价连续报 60 堂的话就是 42000 元，但是今天现场买的话，只需要 29800 元，这一下就便宜了 1 万多元，现场前 20 个报名的人，机构再送一套画材，价格是 3000～4000 元。买完课程之后，马上就有这些学习工具，都不用自己挑选了。其实，那些画材批发下来也不贵，并没有优惠多少。

也有人问我：完款价为什么不直接叫福利赠品呢？因为，完款价的逻辑，是要让客户现在立刻交全款，而不是只交定金。

在生活中，完款价无处不在，一定要有礼品加送，才能完款出单。

在你过往的经历中，有没有因为一些完款政策或者福利政策而成交过？

PART 8

收钱式：
批量收现法，
成交有策略

舞台感召法：
1对2000人，批发式成交

客户的购买决定，最终一定是自己做出的。我们所做的一切都只是促使其成交。他想买，却有一些卡点，我们就给他消除卡点，让他主动成交。消除卡点的方法，就是"感召"。

销讲者要通过感召，让客户意识到产品的价值。至于购买决定，就让客户在理性思考中自己做决策，想买就买，不想买就算了。

好的舞台感召法，有三大特点

所谓"舞台感召法"，就是在舞台上公开宣布政策，将愿意合作的客户请到舞台上来。

我一直比较抵触的就是找业务团队在场下一对一地跟单。有意向的客户，找人去干预一下，是合理的；没意向的客户，去说的话，就会变成一种骚扰。

为什么会销和销讲名声很糟糕？就是因为行业中的很多人把这个工作做得很低端。

比如，以前有销讲者把门锁住，客户不刷卡不准出门，或者是不刷卡不准下台，原本是"愿者上钩法"，却变成"封锁"。不是从理性上去说服客户，而是从感性上去洗脑，这是不对的。

好的舞台感召法，往往具有以下三个特点。

第一个，整个演讲中，主讲人的发心一定不是为了成交客户，而是筛选出对的客户，遵循的是"筛选"的逻辑。

第二个，在讲解产品的过程当中，不要一味地用概念性的词汇，而是用数据性的词汇，让整个演讲稿变得更丰富、更充实，论证更严谨。

第三个，所有的案例必须真实。真实就是你的故事不能瞎编。

好的舞台感召法，赢在产品与使命

传统的会销中，都是业务人员在台下收钱。

这里面就有个问题：业务人员收钱的能力参差不齐，去哪里找这么多厉害的业务人员呢？

还有一点：客户处在高位，员工处在低位。低位的人去跟高位的人收钱，也是个很大的难题。

而且，业务团队对成交的时机把握掐不准。比如，现场有很多客户，原本不是第一轮就要成交的，他们有可能考虑下次再来。假设让业务员在线下一对一跟单，客户可能会因为被逼得很紧而下次不到现场了。

如果用舞台感召法，把愿意购买的人请到台上，持观望态度的人先待在台下，这会带给他们很强的安全感。客户第一次不愿意，等下次再来参加的时候，没准就有购买意愿了。

你看，每年都会有一些针对明星或者企业主的慈善晚会，先把人请过去，再宣布要办一个慈善基金，可以定向捐赠，再讲如何保证基金管理的透明度，定向捐赠到哪些地方，帮助哪些群体，攻克什么疾病。这样的处理方式，会让参与者感到这场捐赠活动与众不同。

接下来，会用到使命感召法，希望慈善基金的成立，未来可以帮助多少人解决什么问题，可以帮助多少孩子就业，又可以帮助多少病人治病。

讲完后，会问："台下有多少人想要跟我一起建立这个慈善基金，把爱心播撒下去呢？请举手。"请举手的人一起来到台上，这就是用使命感召法，把大家的爱心瞬间放大。

人在台下的时候，问他们捐多少，全部说的都是小金额，但是把人带到舞台上的那一刻，人的好胜心理就起来了，看见别人捐 10 万元，就想比他捐更多，这样 100 万元、1000 万元的捐款就都来了，晚会主办方的筹款能力就变得很强。

我之前还看到，很厉害的销讲老师不需要会务人员，一个麦就能完成产品的宣讲。很多企业的招商会都把这套方法用上，用得最到位的是家具企业，他们每年在全国招经销商的过程当中，就会运用这种方法。例如，销讲人员说，今年有什么新品，今年可以怎么订货，政策一讲完，就问台下的人：

"谁要这个政策？请上台来。"

这样宣讲的效果一般都很好，很多人来抢购。

一些人的舞台感召法，是用嘈杂的音乐加上促销逻辑，不停地把产品叠加上来，本质上还是以促销型为主的。我们是以使命、以产品的价值内核来触动客户，是以理性来说服的感召，让客户在理智中买单。这完全是两种不同的吸引客户上台的逻辑。

好的舞台感召法，具体怎么做

具体而言，舞台感召应该怎么做呢？

1. 宣讲

在台上把合作政策讲清楚，把所有的权益讲明白，让客户清楚花多少钱能买多少产品。

2. 上台

发动使命感召，精准锁定意向客户，让认可你的客户上台并做出抉择。一般来说，**7次预成交换来一次真成交**。那就等于，把我前面N次成交当中预埋的客户，全部感召上来。

3. 控场
让没想好的客户在台下稍作等待。

控场的核心，是给台下的客户尊重感和安全感。有的销讲人，会感觉客户不上台买单是不给自己捧场。其实不然，那些不上台的客户在聆听的过程中，给了你成交的机会，你应该感恩他，而不是一味地谴责。

一定要把现场客户的情绪给稳定住，可以跟他们讲：你们不上台，是因为我还没有把政策讲清楚，这不是你的问题，而是我的问题。从而给客户制造一个继续听的机会。假如你后来讲清楚了，客户在台下听明白了，他也会买单的。

4. 定场
稳住台上的客户，要避免他们中途离开，导致破场。

定场的核心，是和台上的客户来做一次确认，明确他们是有合作意向还是单纯捧场。一定要避免他们中途离开，导致破场。我们可以提前讲：

"如果您是上台捧场的，可以先下台；如果您是真的想合作，那就留在台上，我们继续宣布我们的合作政策。"

5. 锁定
快速分析，有哪些人是真的想合作，有哪些是"打酱油"的。

PART 8 收钱式：批量收现法，成交有策略

锁定的时候，一定要跟他们明确合作是需要掏钱的，把市场价格再强调一遍。再问他一次："你是否愿意花这些钱，成为我的合作伙伴？"

在台下，他可以敷衍你，随口答应；到了台上，在众目睽睽之下，你就会给他很强的心理暗示，让他进一步兑现这个承诺。

6. 促单

设置连环价格政策，向他们宣布一个惊喜价，让他们有惊喜感。

促单，就是设置连环价格政策，要给客户惊喜感，你的语言激情也要很充沛。

宣讲的时候，从市场价到优惠价，一定要引发现场客户的惊喜和共鸣，并且营造出完款价格的稀缺性，要让客户有抢购冲动。

7. 成交

愿意合作的，拍个照表示，然后下台去办手续；在台上没想好的，可以回座位。不强求、不硬逼。

成交的时候，要注意跟客户确认他所购买产品的规格。

舞台感召是一种促成的动作，是把所有的情绪聚在一个点瞬间爆发出来的动作。

如果没有团队配合你完成营销动作的话，有什么方法能比舞台感召法更有效率？

答疑解析法：
1对100人，精准升单成交

一对多舞台感召法，往往适用于销讲人营造的以变现为目的的成交场。如果你到一些比较严肃的场合，或者去朋友的活动现场作为嘉宾进行分享，你做大规模的舞台感召是不合适的。因此，我们需要变换形式，把对你的分享产生共鸣的客户，引导到新的空间，这叫作"贵宾室成交法"。

我经常把这个方法用在三种场合。

1. 去有政府背景的商会、协会，作为嘉宾分享。
2. 去朋友举办的企业家千人论坛活动。
3. 在自己老会员的服务场。

以上三种场合，都要避免成交属性太重。只要你分享到位，运用我上面提供的内容，形成一个销售演讲稿，便可成交。你只管输出，客户的心就会被你带走。因此，你去哪儿，他就愿意跟到哪儿。大场合不能成交，把他们引导到新的空间，再做产品介绍，不就好了吗？

贵宾室成交法，不仅可以用于转移场景成交，还可以用于升单成交。我一对多场景下完成了小单，如何才能不浪费成交机会，把低客单升级成高客单，从 3 万元升到 60 万元，从 10 万元升到 100 万元，让客户购买高客单价产品？那需要加入回答客户特定问题的环节，因此，贵宾室成交法又名"答疑解析法"。

贵宾室成交法，好在哪儿

在舞台上，一般不能讲非共性的话。如果你回答一个客户的问题，这个问题和另外 99 个客户无关，那整体的关注热度就会下降。

所以，我们要解决的问题，一定是客户需求更聚焦的问题。

没有听前端分享之前，每个人往往会用自己的思维方式去提出问题，这些问题几乎全是个性化的，如果你在台上一一解答的话，就没有人愿意继续听了。

而通过前端销售演讲后，就可以开始一对多不停地回答客户的共性问题了。能跟着讲师走的客户是被筛选出来的，是可成交的客户。他们对我们产品的了解度有 70%～80%。10 个疑虑点，也就剩下那一两个。

这时候可以进入答疑环节，几乎解答一个问题，就可以成交 N 个客户。

贵宾室成交法的四个流程

运用贵宾室成交法（答疑解析法）时，是有一定流程的。遵循这个流程，会让收钱变得更简单。

1. 罗列服务流程

答疑的时候，一定要清晰地展示服务流程，要做整体剖析。讲一讲如果客户和我们合作的话，我们能提供的价值有哪些，我们在服务周期内能为他创造什么价值。

2. 逆向使命感召法

如果想升单的话，必须让客户的价值观和你保持一致，这样客户才能跟你达成更高级的合作，结成更高的事业共同体。所以，我们一定要公开跟谁合作、不跟谁合作。

使命感召，目的是吸引那些跟我想法一样的人。逆向使命感召，目的是公开把"爆雷客户"给推掉——这些人触碰到我某些底线了，我不能跟他们合作。你在推掉这些客户的过程中，反而会让别人觉得你是有原则的、有追求的。

3. 公开破碎法

决策中可能会影响谈单的所有问题，如价格优惠、延期还款、保姆式服务等，必须公开破碎掉。

销讲人一对一回答这三类问题，都是驳提问的客户的面子。最好的方式，是让客户问都不问，在他们开口之前就回绝掉。

4. 完款终结法

快速确认谁要进入升单这个环节，一定要把已经买完单的客户邀请进来，这样才能做定向升单。

比如，我们有一个开服装公司的客户，之前在台上不敢成交，但是我给他的一个逻辑就是：你一定要在台上把说服系统讲清楚，这是重要的一个环节。

使命感召是需要无缝衔接的，首先要衔接到贵宾室，所以贵宾室一定不能离会场太远，要做到出门即见会场，这是布局上的要求。

第一步，客户进入贵宾室后，你一定要把自己的身份架起来。告诉客户，今天来到这里的人，不是所有人都能达成合作，我们是筛选客户进行合作，符合合作意向的，我们待会儿可以直接签约，不符合意向的，未来也是朋友。

我们要的是把美传播到每个女性身上，一定要先明确，即使你没有店，只要有300～500个女性朋友可以成为你的客户，保证你能把第一批货成功卖掉，我们才会合作，没有的话就不合作了，这就是我们一开始要挑明的整体价值观。

第二步，假设可以合作，我们会告诉你怎么卖掉这些货。我们不是让你卖，而是教你卖，别人会让你租个店铺，我们坚决不让你租店铺，我们会让你把店开在网上，搭建一个商城，然后我们来直播帮你把货卖出去，你只管邀请会员进入直播间，我们卖完后钱归你。

你看，我这就开始罗列合作的政策，我跟一般的服装店不同，我寸步不离地为客户争取权益。

这些都讲完之后,我们就开始使用逆向思维法,公开表明自己不和谁合作。

第一个,喜欢卖假货、以次充好的。比如,我帮你把货给卖完,你却拿着更廉价的产品去替代,这是侵犯消费者权益,我们公司坚决不找这样的人合作。

第二个,对美没有追求,只是想把美当成纯粹赚钱工具的人。卖服装的确能赚钱,利润也够高,但是如果你不在我的体系里提高你的服装搭配能力和对美的理解,你顶多是个卖货的人,永远无法成为一个给别人做形象设计的高手。

我们把这两个点讲完之后,反而会让他人觉得,这个平台是能够帮助他们自己成长的。

第三步,公开破碎。想和我讨价还价,以更便宜的价格拿衣服,不好意思,明码标价,你拿多少货就有多少优惠。爽快的人没有优惠,不爽快的人反而有优惠,这个逻辑不成立。然后讲,想合作必须现场完款,我这边已经付出我的努力了,资源都向你倾斜,不要说先卖货再来拿钱,你连决心都没有,我不会在你身上投入任何精力。最后,我们是不提供保姆式服务的,不要以为跟我合作之后,所有的营销活动都是我来做。这是不可能的,你才是老板,事情能不能干成,你才是最关键的因素。

把这话谈完后,我们开始确定跟谁合作,我们一起合作了 60 多个加盟商,一下子把这个品牌铺出去了。

答疑解析法,就是筛选精准客户后做小范围的沟通,它的用途非常广泛,在各种场合做销讲时都可以运用衍生出来的方法有很多。

现在的销售,已经不像以前那样受到场景的限制,只要专业能力足够强,在哪儿都能完成签单。而且,专业能力越强,签单量越高。

未来,如何在不具备公开成交条件的场合下,创造尽可能多的顾问式成交机会?这个问题,值得深入思考一下。

黄金八问法：
一对一，10分钟极速签单

有的销讲者存在这样的疑问：为什么已经到收尾的环节了，我的政策都讲完了，还有客户提问题呢？

一定要搞清楚的是，客户听完你整个销讲路径后，他已经有了认知。他能提问，说明心中还有疑虑点、有抗拒点，需要跟你进一步确认，他才有买单的可能。客户表达不清楚，跟他的能力有关；你听不懂他讲的话，也说明你的水平不够。

成交时聊专业，万万要不得

就像我们前面讲的，销讲者给客户的是解决问题的希望，而不是问题的答案。解决问题的希望是围绕他的问题点来解答，不是围绕他的问

PART 8　收钱式：批量收现法，成交有策略

题面来解答。

很多销讲者最大的弊端，就是客户的问题明明是点，他非要衍生成面。

比如，客户跑来问我："周老师，你是不是真的能帮我把品牌建设起来？"我只需要给他一个建议，给他一个论证：我可以帮你解决，我出手这件事的可行性有多高，我有多少底气、有多少把握来解决。如此一来，他的疑惑自然就消解了。

很多没经验的销售喜欢把自己当成专家。用专家人设去解决客户的问题，本身就是一个伪命题。

你非要问他：你的项目是什么？这个项目最大的卡点是什么？它的风险在哪里？行业中是什么逻辑？

假设你有三套方案，三套方案中又有两套方案，你这么一讲，就带着客户聊到专业领域了，在聊专业的过程中，你可以讲得很清楚，但是客户一听，全是他陌生的领域，他消化不过来，就会开始补充新问题：老师，这个点怎么解？那个点又要怎么解？

这个时候，你又陷入新的问题点当中，又开始给他继续延伸了，聊完后客户还不一定签单。

事情本来很简单，比如你今天要开家餐厅，来做我的加盟商，你交钱，我给你设备，给你做品牌培训。我给你赋能，事情就解决了。你非得跑过来说："周老师，我要是做你的连锁店，你觉得我有没有可能赚到钱？"

没办法，那我就要给你分析一下赚钱的可能性。

首先，选址很重要，你要有"五星选址"的概念。

你对此没有概念，开始纠结什么叫"五星选址"了，好，我来给你解释。我会告诉你"五星"当中的地铁口的位置，为什么会决定人流指标。

你看，这就开始"讲论文"了，一开始我跟你讲地铁口决定的是人员的流通率，因为地铁口往往是上下班人员比较集中的地方。

你又问了：假设周六和周日大家不上班，是不是在周六和周日，我的产品就卖不出去？你看，又陷入专业的问题里面去了。如此往复循环，给人的感觉就是永远有解决不完的问题，不仅让自己身心俱疲，还让客户有一种你做事拖泥带水不果断的感觉，简直吃力不讨好。

所以，最好的办法是用你的专业能力点对点地解决他的问题！你交钱，我帮你选址，简单、高效。

快速提高效率，用黄金八问

以前的成交，叫作"太极式成交"。客户提出问题，你解答问题后，又会衍生出新的问题，来来往往就变成聊天了。因为，永远都会有新的素材（话题）出现，永远解决不完。

更行之有效的成交方式，叫作"黄金八问法"，也叫"收网式成交"，这种方法要运用"收网式沟通"。

收网式沟通，就是让客户先把他的问题问出来。

第一句："大家有什么问题？"

问了你也先别回答,你再问他。

第二句:"还有什么问题?"
第三句:"问完了吗?"

让他把问题全问完,他的素材不够,是问不出什么问题来的。如果没有问题了,就说明抗拒点全都讲完了。还有的客户素材很多,还有问题,那我们就让他问,然后,你需要进行引导。

第四句:"这些问题很有代表性,我们很多学员都问过。"

第四句话给别人的感觉,是这个问题我们早就遇到过了,他会马上觉得自己提的问题不再是问题了。

第五句:"这些问题,假如我能帮你解答,你是否愿意现场付费?"

这句话是关键。因为,销讲者在会销的过程当中,没有太多时间来给各位客户做一对一的解答。假如你问的客户他压根儿没有购买意向,你回答他干吗呢?这是在浪费你的时间,让助教老师把他请出去,直接跟下一个客户沟通。所以,必须确认他是可能购买的客户之后,再来做后面的衔接。

第六句:"这些问题的解决思路如下。"

接着跟他讲。因为解决思路具有较强的专业性，如果这个客户不是你的精准客户，你再去回答他的问题，就很浪费时间了。

第七句："你希望我亲自组建团队来帮你解答这些问题吗？"

为什么这么问呢？因为你很重要，你是可以组织解决问题的团队来给他定向解决的，你才是一个领导，专家只是配合你的资源。

第八句："你相信我吗？"

信任很重要，这会促成成交。
这就是"黄金八问"。

"黄金八问法"是层层递进地去筛选精准客户的有效方法。比如，很多人去健身房咨询私教问题，推私教的过程中，你会发现很多人在健身房"白玩"了很多课，不成交。

这些人"白玩"的底层逻辑，一是他本身有"白玩"的心理，二是他的确也想变瘦变美。

健身教练在给他的客户做完体验课后，问他第一个问题：

"我们的服务完毕了，你对我成为你的私教还有什么问题？"

客户肯定会找理由推辞。教练的第二个问题：

PART 8　收钱式：批量收现法，成交有策略

"还有什么问题？"

健身教练继续推，让客户继续讲。教练的第三个问题：

"问完了吗？"

教练的第四个问题，就是让客户骑虎难下：

"你提的这些问题，很多人都提问过，很多私教会员都有同样的顾虑。我想请问，假如这些顾虑都能解决，你是否愿意买单？"

这样就可以马上判断出，这个客户是精准客户，还是"打酱油"的客户，抑或"白玩"的客户。假如他说：

"这些问题和顾虑都解决了，我还是不愿意买单。"

那就说明你以后不用在他身上花心思了，他每次来就是薅羊毛的，你不用给他提供其他服务了。但假如他说：

"这些顾虑都能解决的话，我愿意买单。"

这就说明他真的有需求了。
接下来，教练要告诉他，这些问题的解决思路如下：

"假如接下来你的私教是我,我会给你制定以下的流程:

"第一步,先给你做一个全面的体脂检测,让你清楚自己身体中哪些硬性指标是不过关的,会影响你身体的。

"第二步,我会对你做深入的访谈,了解你未来想要拥有的体形。

"第三步,我会给你刻画出健身或者肖像模型,看跟你想象中是否一样。

"第四步,我会给你制定三个阶段的训练指标,第一个阶段,一个月内马上见效的部位采用的是哪些动作,你会有积极性。第二个阶段,需要训练两三个月后才能有明显结果的,如马甲线、人鱼线这些。第三个阶段,需要用半年的时间才能塑造出你要的体形。"

教练询问的过程中,需要让客户清楚,这个教练足够专业,是可以实现客户健身的目标的。教练最后可以问他:

"你希不希望我组建团队,来为你塑造出完美的体形?希望的话,我来全程辅导你。"

问到这里,这个客户基本就会买单了。

客户是来确认你能否为他解决问题的,不是来找你解决问题的。有时候,客户只需要你给他个安全感就成交了,你非要跟他讲专业,这就叫驴唇不对马嘴。必须跳出"专业病"这个固定思维,这是一件非常重要的事情。

沟通一向是个技术活,销讲人更需要明白:逻辑不对,沟通白费。

千万不要陷入"专业病"中。

大胆设想一下，假如学会了"黄金八问法"，你的成交率可以提升多少？

你还想知道，"黄金八问法"在各个行业的具体操作步骤和话术吗？扫描以下二维码，获取详细信息，提升你的成交率！

PART 9

用销讲思维,
拿下每一笔
"人生订单"

面试用销讲，
开口公司任你选

从本质上来说，面试和销讲是一样的。销讲是为了卖出产品，面试则是为了把自己"销售"给企业。

就像产品要满足客户的需求一样，面试时你也要满足老板和企业的需求。你的个人能力再强，如果无法满足老板的需求，无法为企业提供价值，老板为什么要雇你呢？

面试，为什么不成功

很多面试者会陷入一个误区，他们只会尽可能地在面试官面前展示自己擅长的能力，却没有展示出他们与企业相匹配的能力，而企业要找的，是能和现有团队匹配的人，而非一个能力很强的优秀员工。

PART 9 用销讲思维，拿下每一笔"人生订单"

在这点上，求职者必须有清晰的定位，知道自己的能力在哪里能发挥出价值。在沟通的过程中，不妨问问自己，你的优势点能不能只浓缩成三个。讲完这三个优势点，就会让面试官觉得，你的经验和能力跟他的需求是完全匹配的，这才是面试成功的核心。

之所以说销讲的方法能运用到面试当中，是因为销讲的底层逻辑是客户语言，即先了解客户再跟他进行沟通，这跟面试的逻辑是相通的。

在面试中，要先告诉面试官，我一定是最匹配你公司的员工，再把理由讲出来。

理由 1：……
理由 2：……
理由 3：……

要把这些理由一一罗列出来。

罗列过往的经历都是为了论证我能够为你们公司创造价值。从这个角度看，"卖"自己和卖产品的本质确实是一样的。

我们公司的员工都经历过这样的面试，也切身体验过面试成功的愉悦感。他们万一离职，想要去哪家企业，用从我们公司获得的面试经验，十有八九是可以面试成功的。

面试怎么做才能成功？

第一步，调研面试公司。

调研的目的，是了解公司想要招聘什么样的员工。

比如，一家做健康管理的公司招策划，应聘者可以通过调研，看看这家公司最需要解决的是什么问题。

调研结果显示，该公司专业能力很强，会销能力却很弱，基本是靠创始人做成交，公司的团队没法协助他做承接。

分析可知，公司创始人需要一个能代替他谈判、能帮他把会议组织起来、能改变他营销模式的人。

第二步，展现与公司需求相匹配的能力。

到一家新的公司任职，不能一股脑儿地把能力全部展现出来。把公司需要的能力展现出来，其他能力当作"福利"给公司，这会带来更多的惊喜感。

继续举上述的例子。面试时，只要让面试官看到，你能帮助公司提高业务成交能力，表现出过往的三个能力点就足够了。比如：

第一个，自己有做健康领域 3 年以上的经验。

第二个，自己的专业能力不是最强的，但是懂得如何跟客户谈判，知道如何挖掘客户的需求。

第三个，自己手上有 100 个客户，一旦面试成功，可以把客户带过来。

说完这三个能力点，你甚至可以反问面试官：要不要一起合作？

肯定要啊！冲着你手上那 100 个客户，面试官也都会让你通过面试，更别说你还能帮老板摆脱谈单的束缚。

面试成功之后，你通常会被放在比二把手稍微低一点的位置上，既不重要又很重要，可进可退。

面试，怎样胜算才大

具体到每个面试者身上，面试成功的核心就是把自己的优势，也就是卖点，轻描淡写地描述出来，把对公司最有价值的这三个点讲清楚。

切记，面试中对"观念破碎法"的运用，要谨慎，因为你更多的是在跟面试官进行交流，要在顺应他的观念基础上，表达出你的优势。而不是努力破他的观念，让他接受你。

要知道，面试官为公司找到合适的人是底线，这不会以你的意志为转移。

面试基层岗位的话，顺着面试官的观念去介绍自己，与公司需求相匹配就行了。

面试中高层岗位，则是另一回事，一定要找到公司的营销薄弱点是什么，公司体系建设的问题点在哪里，分析出到底是营销问题、管理问题，还是品牌问题。

归根结底，这些问题都是营销的问题，没钱的话什么都有问题，有钱的话一切都没问题。

假如一个"小白"去面试，一定要先找到自己身上的优势点，并罗列3～5个出来，而且必须把优势点数据化。

第一个，"上进"这个优势点，必须把标准列出来。例如，每次项目结束后都会做复盘总结，吸取经验教训，这叫"上进的标准"。

第二个，我的悟性很强，学习能力也很强。我进入公司后，三天之内就可以把公司的 SOP 一字不落地背给你听。这句话说出去，你看哪个面试官不要你？

第三个，我对公司绝对忠诚。在我了解完产品后，我会把我的资源以及我手上的所有客户，全部推送到你的企业中。

面试，靠逻辑分析法

假如我去面试，我会用两套方法衔接。第一套方法叫"开篇式自我介绍"，先把背书给立起来。

假设我是个应届大学毕业生，我会这么说：

> 大家好！我是某某大学的应届毕业生。大学期间，我担任过班长和学生会主席，为学校组织过多少场活动。在学校期间，我勤工俭学，自己解决了生活费。所以，我对社会既陌生又不陌生。陌生的是，我没有以全职的身份进入社会；不陌生的是，我在社会当中已历练了将近两年时间，半工半读。所以，我会以归零的心态来给各位创造价值。假如我有机会加入贵公司，我会为贵公司创造三大价值：
>
> **第一个，我会快速了解贵公司整个业务的模型**。我可以做到三天之内把贵公司的 SOP 全部背诵下来。我认为，背 SOP 是我了解一个公司最快的方法。

第二个，我任劳任怨，不仅仅限于工作的时间。我会保质保量且高效地完成任何工作。积极的态度，努力学习的精神，是加速自己成长的方法。为了完成工作，我会想办法克服一切困难，努力找到解决问题的突破口。

第三个，我了解到贵公司业务岗位上目前急需人才，这意味着公司正处于业务发展期。在大学期间有过销售经历的我，愿意成为公司的排头兵，为公司做业务的开拓和试验。我希望公司能给我机会，让我做出应有的贡献。

你看，这个自我介绍一讲出来，对其他求职者来说，就是降维打击。

当然，用这个方法要注意一点，那就是必须讲出企业最需要什么，比如，任劳任怨的员工、精益求精的员工，还有其他岗位急需的员工，你要做的，就是变成这类具有稀缺性的员工。

面试过程中，大家最大的问题是真的把它当成求职了，求着别人给你份工作，装可怜是求不来工作的。你要明白，创始人做企业，是为了盈利，而不是为了做慈善。

所以，你的心态必须放平，一定要尽可能地展示出你的个人能力，而不是纯粹讲你的贡献，纯粹讲你的过往，纯粹讲自己艰苦奋斗的历史。

一般来说，企业对不同的应聘者，会有不同的要求：

对应届毕业生的要求，要看他能否做到无私奉献。

对工作了一两年的应聘者，要看他的工作数据。你要告诉面试官，你过去在企业当中业绩做到多少，带过多少人，把数据讲清楚，并且尽可能展示出你过去在工作中体现出的工作质量，你的 SOP、你的业务流程等。对方一看就知道你讲的东西是否靠谱。

对工作了 10 年的应聘者，要看他的管理能力。 如果你工作了 10 年，还在和面试官讲以往做了多少业绩，那你十有八九不能通过面试。要更多地去讲自己是怎么带人的，这些经验和能力才是重要的。

我面试的时候，判断一个人合不合适，有两个标准。

第一个，在跟我聊天的过程当中，他的眼神是不是坚定的。 眼神坚定且面带微笑，就说明他在销售上游刃有余，他已经懂得跟客户进退的推拉，懂得跟客户交流，坚定中有柔情，可进可退。

第二个，在他开口的那一刻，听他的语言是急促的还是从容的，还有他整体的说话节奏。 如果他不停地讲，很急促，那就是太紧张了，见人见得少。你说他是高手，这几乎不可能。如果一个人讲话太慢，这种人见多识广，办公室坐多了，我也不会要。如果这个人讲话的语速不快不慢，富有节奏感，吐字清晰，一看就是利索的人，这种人可用。

以这两个标准判断下来，招到的人基本符合岗位需求。不夸张地说，我面试销售人员，只要他在我面前讲一句话，我就能在一分钟内决定他的去留。

PART 9　用销讲思维，拿下每一笔"人生订单"

面试，如何来谈薪资

很多人面试时，总觉得谈薪资是个难题。一是不好意思谈，二是不知道自己值多少钱。

其实，谈薪资的时候，要先明确自己的"价位"，这跟市场竞争也是有关系的。

你在一家公司，拿着 15000 元的月工资，突然就被裁了。到另一家公司面试的时候，你还坚持要 15000 元月薪。那我要问你个问题：为什么你会被之前那家公司裁掉？可能是公司以更低的价格找到了可以替代你的人。

意识到这一点的话，你就会明白，不是先要价，而要先给出一些证明，告诉别人你值多少钱。明确这个点之后，才能寻找到你的竞争力。

我一直觉得，一定不要把薪资当成卡点，而要把它当成一个筹码。你可以这样说：

我在之前的公司，每个月拿 15000 元。当然，我知道贵公司有自己的薪酬体系，我愿意接受任何薪酬模式的调整，但是通过调整，我希望我的薪酬更高，您可以给我一个更好的解决方案，让我看到，我的能力在公司可以赚到比过往更多的钱。

如果你让我看到，以我的浮动薪酬大于我的固定薪酬，那我接受一定的调整，因为平台更重要，赚钱更重要，而不是眼前多 1000 元或少 1000 元更重要。就算我降薪，也要降得有理有据、有尊严。我降薪的目的，是赚更多的钱，如果你没有明确的理由来说明，我降薪后获得的岗位可以赚到更多的钱，那我就没有必要加入贵公司了，因为与我的需求也不符，对吧？

　　这些话术，是我们一次次打磨之后的结果。对面试者来说，每一次面试都需要对话术进行一次深入的设计。
　　如果你的面试总不成功，不妨回想一下，在你过往的面试过程中，讲了哪些面试官不想听的废话呢？

PART 9　用销讲思维，拿下每一笔"人生订单"

晋升用销讲，
每年高升不是梦

工作中，我们会遇到这样一类人，他们工作能力很强，却一直无法晋升。

奇怪吗？不奇怪。

是怀才不遇吗？也不全是。

工作中，只有专业能力，没有市场能力，根本不行。所谓市场能力，是指获得客户青睐的能力。你的上级，难道不是你的客户吗？

这类人，有工作能力，却缺乏讨上级喜欢的能力。就现代社会对能力的要求而言，他们的能力是不全面的。

所以我说，如果一个人不能晋升，原因可能就是综合能力不行。

当然，我不是让大家溜须拍马、阿谀奉承，而是希望大家明白，不仅需要埋头苦干，更需要与上级有效沟通，同步信息。

无效沟通，你有做过吗

我接触过很多人，他们自以为与上级进行了沟通，其实有些沟通不仅无效，反而会起反作用。

比如，不给加薪就不干、就要离职的沟通，这叫"威胁型"。

或者是，最近干活没动力，感觉自己的价值没有体现，也得不到成长。家人也给我带来了很大的压力，觉得我在公司工作这么多年，收入没有增加。这叫"情绪型"。

或者是，我为公司工作了5年，没有功劳也有苦劳，公司对老员工好一点儿，才能让我看到更长远的未来。这是"感情牌型"。

威胁型的沟通没用，情绪型的表达没用，感情牌型的说法也没用，只有价值型的说法才有用。

升职加薪，是价值对称

很多人说，谈升职加薪要给老板画饼。只给老板画发展的饼是不够的，你要给老板讲明白，他的饼里得有你的角色，这是一个重要的岗位，就是要在这里把老板"套"到饼里去。

这个道理，跟我们做销讲是一样的。给客户做计划的过程中，我们得把自己放进去，让我们成为客户计划的重要组成部分。

想和老板谈升职加薪，你先要明白，老板愿意给谁加薪。

举例来说，当一个员工跑来跟我说他在公司工作多少年了，想加点儿薪资，我是最烦的。

PART 9　用销讲思维，拿下每一笔"人生订单"

你工作久不久，和你加不加薪没有必然的联系。你的贡献率增加了吗？作为一个老员工，你任劳任怨，请问你的工作效率提高了吗？你给客户带来的价值增加了吗？凭什么要按你的工作年限来提高工资？这才是真正的不合理啊！

如果一个员工跑来跟我讲，自己想承担更多的职责，为公司解决更多的问题，以换取更多的收益，我一听就会很舒服。

你想跟老板提加薪，也要了解老板的需求。

知道老板的需求之后，再和他谈，就可以这样说：

> 我跟着您xx年了，这段时间我已经学习了xx东西，具备了xx能力。我希望老板给我一个相对客观的评价，让我知道我哪些能力具备，哪些能力不具备。我认为人是需要成长的，在下一个阶段，我希望我的成长能为公司赚到更多的钱，自己也获得更多对等的价值收益。
>
> 我要在您给我做完综合评估后，结合自己的意愿，思考一下接下来1～2年，我的工作规划以及未来的发展方向，看看能不能让我在原有基础上给公司创造更多的价值，解决更多的问题。假如我做到了，老板可以对我的工作收益进行重新评估；如果没做到，我就继续任劳任怨，去提高我的业务水平。

这里其实运用了"自我观念破碎"。

我认为，一个老员工好不好，不是看他在公司待多少年，创造过多少价值，而是未来能为公司再创造多少更大的价值，这就是破观念，是对老员工的定位。

而我的追求，不是希望老板能给我多发多少钱，而是我能为公司创造多大的价值，我可以获取多少对等的收益，这是对提薪酬的一个反向破解。

可见，升职加薪的过程，要用自己的观念打破老板的观念。

升职加薪，用这个模板

想升职加薪，既要考虑清楚自己的定位和能力，也需要合理的话术。

1. 怀旧

我跟老板共事3年。感谢3年来，您把我从一个没有基础的"小白"带到今天，成为一名主管。可以说，没有您就没有我的今天。我很庆幸，因为3年前跟您的相识，我的人生才得以改变。

2. 总结

这两天，我在思考，在您未来的事业蓝图中，是否有我的存在？我的存在，不是取决于您给我特意安排，而是取决于我的能力能否跟公司的发展相匹配，我能否为公司继续创造价值。我希望未来能为公司当块"垫脚石"，能3年、5年，甚至10年，持续地走下去，这是我的愿望。随着公司不断发展壮大，一定会有更多人才进入。会有越来越多的高素质人才，成为您的左膀右臂。

作为一名老员工，我不是要请求老板给我更多的照顾。我应该

PART 9　用销讲思维，拿下每一笔"人生订单"

清晰地看到自己身上的缺点和不足，要更努力地提高自己，不丢老员工的脸，不丢公司的脸。我也希望，老板可以就这几年我的工作及发展，给我一些系统性的分析，看接下来我如何才能更好地满足您的需求。

3. 建议

老板能否给我一些未来工作上的建议？

4. 规划

老板，当我未来能把这几个能力补全，我是否能够在您的事业版图中扮演重要的角色，提供更大的价值？您对我岗位的规划是什么？（即使没有，也要让他描述出来）

5. 自我规划

我相信，您给我这样的建议，一定是因为我在这些方面有所欠缺，我会给自己做个计划，列出每个月要学习的内容，我会把业绩做到什么水平，给您交个满意的答卷，对得起您对我的期望，也对得起自己的努力。

6. 你的需求

当我把这个事情做成，能带领团队为公司创造更大的价值时，我希望拥有与我能力相匹配的薪酬福利。

你看，这个薪酬福利，不是从苦劳的方面要收益，而是希望从功劳的层面，能作为老板手下的一个代表，告诉别人跟着他干了多少年后生活、事业才会有改变。

而且，谈薪酬的时候，千万不要直接一锤就定下来。这样谈的话，只能争取到小钱；如果你能做完规划之后再谈，获得的薪酬福利会非常可观。

想要升职加薪，一定要了解老板的需求，了解老板的规划，反向定位自己的角色，才能达到一击必中的效果。

当你不知道是否有机会升职时，扪心自问一下，你是不是老板规划版图中的人？

PART 9　用销讲思维，拿下每一笔"人生订单"

培训用销讲，
全员加班把活干

我不止一次说过，销讲可以用在生活的方方面面。

我想让大家知道，学的方法，比你讲什么都更重要。方法是死的，塑造方法的价值才是重要的，要让销讲的方法价值千万。

怕员工单飞，是你格局不够

在员工培训上，很多老板都觉得自己吃过大亏。辛辛苦苦培训完员工，他们转身就离职了。其实，这不怪员工，是老板没有自信，梦想太小了。培养员工，却怕员工单飞，老板的格局本身就不够。

我一直觉得，培养员工不能培养全部，要把业务链条切成三至四环，分别由三四个人去衔接完成，这样培养出来的员工，对于一定范围内的业务会更具有专业权威性，更能收获正向反馈，也就更容易有成就感，如此一来，他们的稳定性也会更强。

给员工造梦，我是这样做的

很多企业的人力资源部门搞培训，员工来到现场，就像是听天书。其实一个人一旦学会了销讲，一定会把价值前置，比如：

> 谁当年听了我这个方法，获得了什么样的成就，赚了多少钱，我今天要给各位分享一下，如何快速赚到第一桶金。

用销讲的方法培训员工，就是把员工当成客户培训，不是把他单纯地当成员工。这可以让员工从被动学变成主动学。

我上一家公司，在成都开分公司，有人告诉我，那边招工成本不低，员工还懒散，从来不加班。

我不信邪，去那边看了一下。员工确实懒散，但那是因为他们没"魂"。他们就是混底薪的，觉得一个月赚4000元就够了，那肯定不行啊！我要让他们知道，一个月4000元什么都不能买，我要让他们追求一个月20000元的收入。

我先开了一个造梦会，跟他们讲，假设财富增长3倍后，生活会发生什么改变。我让他们看到，住10平方米的房子和住50平方米房子的区别；我让他们看到，在路边摊吃小火锅和在大店吃火锅的区别；我让他们看到，3年后他还是骑着共享单车，别人开着汽车的场景。这就是

PART 9　用销讲思维，拿下每一笔"人生订单"

用销讲当中的场景化讲故事，把梦给员工造出来。

我跟他们讲：

原本我跟各位一样，就是一个每月领着1800元工资的人。我对财富最大的想象就是，一个月工资能到4000元就好了。

但是，随着年龄的增长，我找到了伴侣，才发现生命中不只是苟且，还要有诗和远方。

我人生的第一桶金，来自我一次成功的谈单。每个人的第一单都很重要，当你拿到了第一单，一定想追寻月薪3万元；如果一单都没拿到，你就只会满足于当下。

我当年完成第一单成交，就拿到了10000元的零花钱。

我又跟他们说：

我为大家准备了视频资料，接下来一个星期，你们认真看这些视频，把视频里的知识全部吃透，就可以改变命运。

只要挣钱的欲望被挑动起来，能挣钱的路径摆在眼前，他们自然就愿意努力了。

后来很多次下班，我问他们为什么还不回家时，他们都会说：

周老师，我们现在充满干劲儿，完全没注意到已经下班了。我想年底在市里买套房，把父母从老家接过来一起住，让他们享享福！

我相信，那些不甘于平庸、不甘于现状的人，终会被自己的梦想所感动、所改变。

做员工培训，得明确价值

很多公司培训做的都是样板工程，他们没搞明白培训的价值和意义，不知道要培训的到底是什么。

员工培训，本质上还是要破碎他们的观念，先解决欲望，让他们先有想法，再让他们有办法。想法比办法重要，教学的想法比教学的方法重要。

那些成功学培训，看似是在用销讲的方法做培训，其实就是给员工"打鸡血"。其实，好的销讲是有模板的，能在不同的场景下使用。

老板必学的销讲模板，卖货、融资、招商分别怎么用？

营销总裁必学的销讲模板，品牌推广、营销培训、向上汇报怎么用？

人力资源必学的销讲模板，员工招聘、员工培训、团建活动怎么用？

具体用法，这里不展开说，我会在"天禹数智"公众号上更新。

PART 9　用销讲思维，拿下每一笔"人生订单"

做了这么多年的培训，我最大的感受是，让员工想学比学什么更重要。

我们一定要把培训的内容价值前置，让员工有想法、想学。而且，价值感的塑造是穿插在整个过程当中的。

如果你不知道怎么做培训，不妨找个模仿对象。想一想，在过去这么多年的培训经历当中，谁的内容是让你想学的？

吃饭用销讲，"喝酒唠嗑"把单收

如今，吃饭成交是一种很常见的成交方式。聚在一起，边吃饭边谈合作，一举两得。

吃饭谈生意，先听后说很关键

吃饭时间有限，所以一定要干脆利落谈合作，而不要拖泥带水聊事业。

吃饭有一种常见的现象：两个人彼此吹嘘，彼此吹捧，一顿饭吃了三四个小时，还没进入正题，这就是拖泥带水聊事业。

真正懂吃饭成交的人，不会拖泥带水，而且往往善于抛砖引玉，引导别人先把话匣子打开。

比如，吃饭时酒一倒，我就会说：

"刘 Sir，你的事业做得这么成功，能不能分享一下你的商业经？"

为什么我要他分享商业经呢？为的是把他的过往全都挖出来。
聊完商业经之后，我说：

"像你这么优秀的人，明年又有什么规划呢？可不可以让我学习一下？"

为什么要他讲明年的规划？就是为了让他把明年的规划全摊开。当然，如果他吹牛，我会直接"绝杀"，问他：

"请问刘总，在你明年的商业版图中，我能为你做什么？"

你看，我和刘总原本是没关系的，现在我让刘总想我能为他做什么，基于酒后、饭后的感情，他可能会开始谈：

"小周，明年在我们出书的路上，整个营销的体系还是要搭建起来，要做几个关键的动作，可能要做些东西。"

我会讲：

"刘 Sir，太好了！就你刚刚谈的内容，我觉得我可能在一些点上给你做细化的分担。例如，在你营销团队的搭建上，在重大事件的营销活动上，在各种线下活动上，至少在这三个点上，我认为我可以给你创造价值，我的参与一定是给你加分的。这里，我先敬你一杯。"

讲完这段话后，我再大概跟他交流一下我的一些想法，以及我能为他做的事情，再问他我能否加入他的规划中。抓住规划中谈的三个点之后，我会继续深入沟通，把整个计划拿出来，准备"卖"给他一套解决方案：

当时，我们有个企业家，跟你提的第一个问题很相似，后来，我给了他建议，帮他创造出了 1000 万元的业绩。我给他的建议是什么？ 1、2、3、4、5……

我认为，这套方案用在更成功的人身上，可能会创造 1 亿元的价值。

你看，今天吃完饭可能时间上不大充裕。这样，明天一大早，我带着方案去找你，咱们再细致地谈一下我的方案。

像我这样，让对方先说，可以摸清他的过去，了解他的优势，把他的话匣子打开。再了解他的规划，以及整个战略的意图。继而，在对方战略意图中找寻到我的位置，硬生生植入进去。

人在松弛的状态下，你问他一个问题，他通常不会回避。他会想你们之后有什么合作空间，即便他只是随口而出，你也要努力抓住这一点，把它变成现实。

在饭桌上，一定是谈规划不谈细节，不能聊细节的内容。细节的

PART 9　用销讲思维，拿下每一笔"人生订单"

内容在办公室聊，明确性的东西在公司聊，非明确性的东西可以在饭桌聊。

还有，自己的东西饭桌上少聊，不要老是谈自己的过往成就，客户只关注你现在能为他做什么，可以聆听客户的创业史，允许客户夸夸其谈、口若悬河，饭桌上千万不要变成你去谈自己的创业史。

直播用销讲，
线上变现是王者

线下销讲和线上直播的底层逻辑是一样的，不要看形式，而要看本质。抓住本质，再进行输出。

直播和销讲，有哪些区别

我用销讲的结构来讲内容的话，观众在线的时长会很长，别人直播的平均时长是 10～15 分钟，我直播的平均时长可以达到 28 分钟。

我在线上会用销讲做腾讯直播，面对 400 多个陌生的客户，3 个小时完成了 140 万的 GMV[1]，后面又做了三天的线上发售，总共完成了 621

---

[1] 即商品交易总额（Gross Merchandise Volume，简称 GMV）。

PART 9 用销讲思维，拿下每一笔"人生订单"

万的 GMV。

你看，虽然我过去没有太多的直播经验，但是用销讲的模型在线上做直播，属于降维打击其他所有直播者，这一点看数据就能看得出来。

当然，线上和线下，平台不同、对象不同，在表达方式上也有所不同。

1. 语调比肢体动作更重要

线下销讲，已经把客户按在了现场，销讲者在说服客户的过程中，客户是一种沉浸的状态，是跑不出去的。

线上的话，观众看到的更多是 PPT，看不到销讲者本人，成交有效性大大被削弱了。

因此，你需要从肢体的引申调整为语调的引申。在线上，语调比肢体动作更重要。

2. 线上直播，内容为王

在线下做销讲，成交动作可以完全展开，可以找到客户配合；线上的成交动作，几乎都是要客户自己听完后，让他完完全全了解内容之后才能成交。

没有了煽情氛围和各种喧嚣的音乐，成功学那一套在线上根本就走不通。而我们是内容驱动的，让客户在理性中去聆听、判断，他们觉得我们讲得有道理，而且案例又够"大"，又架得住，自然就下单了。

我直播的时候，总会讲：

只要你在我的直播间待满 2 个小时，即使是蒙头睡大觉，我也能保证你明天的成交率会翻一倍，做不到的话，我周字倒着写。

线上销讲，可以分成两种，一种是公域，一种是私域，而私域跟线下销讲是完全一致的，是沉浸式的。

做直播之前，我的私域很少。当我把线下的销讲方法论拿到线上直播使用，很快就从一个默默无闻的人蹿升为行业内的"现象级"人物，频繁打破各种纪录。我的粉丝在线率最高，转发率最高。

经过长时间的销讲逻辑沉淀之后，我不停地把销讲内容铺在直播里。比如，我在直播的时候跟他们讲："还想听我帮过谁取得结果的故事，想听的来帮忙转发，我再把方法给你。"

讲到另外一个方法，我还是会说：

你要不要听？想听的请转发。

我就这样循环地讲，把粉丝越讲越多。

线上的私域销讲，就是帮线下的销讲去伪存真，把那些线下鸡汤叫卖式的销讲给消除了。真正以内容为驱动的销讲，在线上直播中发挥得更好。

而公域的宣讲又不同了，要跟算法结合，要把整个的内容变短，只能掐头去尾，用5分钟把故事讲完。这对我们用论证式讲产品的要求更高。

在公域直播间里，从头到尾就用观念破碎法。我现在做的，就是每5分钟破一个观念，然后5分钟讲一个故事，这样循环地铺我的内容。

我做大健康的学员郝羽，听完我的课程之后，在腾讯会议上卖了370万元，也是运用了这个逻辑。

PART 9 用销讲思维，拿下每一笔"人生订单"

一开始，他也是启动了一部分非常忠实的客户，和别人讲了他们未来要给企业家们做健康专家，别人的定位都是帮大众做健康管理，但是他直接颠覆过来，只做企业家的健康专家，他开篇就讲自己有北大的医学背景，高二辍学自学考上了北大，除了自己是医学博士以外，身边还聚拢了一群专家博士，一起做健康赛道。

关于为什么要帮企业家做健康管理，他讲得很清楚：

> 企业家的平均寿命只有53岁，而大众的平均寿命约70岁，企业家比大众平均寿命少了16岁，比较常见的疾病有猝死型的疾病、癌症、生育疾病。
>
> 科技大佬XX先生，为什么终年只有五十几岁？身家千亿，有钱但是没有命花，因为他在临床治疗的过程中没有进行及时干预，用的是很简单的医学干预。
>
> 医院是能给你治病，但是医院并不能确保你终身健康。因为医院只能在你患癌症之后给你下诊断书，而不可能提前查到你可能会患癌症。
>
> 而且，往往当你查出身患重大疾病后，医院能做的只有减缓你死亡的速度；而我们的健康专家要做的事情，是在你没患上疾病之前发现发病的征兆，提前来干预，让身体不往那个趋势走。
>
> 所以，企业家要想活得久，就不能只靠医院治疗已经诊断出的病，而应该在疾病没有发生前就多关注健康管理。健康管理不是让你忌口，而是该吃吃、该喝喝。

他把大众的观念破碎，他认为吃烧烤、喝啤酒是最好的养生：

烧烤和酒本身不致癌，只是它们当中的某些元素致癌，我们会教你吃什么东西来化解。大部分专家让你不能吃烧烤之类的东西，只吃健康的东西，而我会让你什么东西都能吃。

他把化解的方法讲出来，客户的认知就改变了，被他吸引了。一套理论讲下来，他最后摆出的观点是：

我要让更多的企业家过上有质量的生活，并且让这群为祖国做建设的企业家活得更久。你们建设了祖国，建设了整个国家的经济，推动了祖国的发展，但是生命周期却很短，这是不公平的。所以，我要帮你们把被偷走的16年夺回来，让你们的寿命像大众的寿命一样长，甚至比他们活得还久。

毫不夸张地说，他之所以能拿到这么高的收益，就是因为他完全按我的销讲稿，从头到尾讲了一遍。

想学会销讲，得擅长反推

线上直播，故事的重要性不言而喻。很多主播不知道应该讲什么故事、播什么内容。

在这方面，我有几个小小的经验，可以分享给大家。

我擅长做销讲，所有的直播内容都是用销讲的结构反推出来的。

第一，先要建立自己的人设。

就像我之前说的，用论证式设计出一个从很爽到很惨的人设。

比如，刘 Sir 帮我出书，让我从默默无闻到尽人皆知，把这个故事给勾勒出来。

第二，把这个故事勾勒完后，用逻辑分析法塑造出你在这个圈子里的价值。

一定要把论证、论据全部贴出来，数据化、明确化，把它变成"实锤"。然后再自我破碎。我会说：

> 其实我被困了3年，我最大的问题就是不谦虚。我总觉得自己很厉害，后来发现其实是个"小白"。总觉得抄别人的东西可以抄出成功来，抄到的东西就是我的。
>
> 我相信，很多人听完之后就觉得自己懂了，但是你根本就不懂，我用了3年的时间都没懂，你听一下就能懂吗？

我看似在揶揄别人，其实是在自我调侃。

这样的效果，是观众想看的，是他们喜欢的。有了这些粉丝，我的销讲观念就会持续不断地影响更多人。

就我短短的直播经验而言，用连环观念破碎法，是线上直播锁客的关键。用好这个方法，每个主播的关注度都会大幅提升。

不相信的话，你可以列举十个你曾经看过的，全程用观念破碎法留住客户的主播。关注一下他们，事实会证明，未来的某一天，他们会是最有流量的那批人。

写在最后

每个人都需要一场精彩的销讲

看完这本书，我希望大家能够抛掉一些偏见。不要给会销和销讲贴上乱七八糟的标签，那是上一个时代的某些人把低劣的方法用在销讲上面带来的错误认知。

真正的销讲，一定是让客户在理性中判断，在理性中消费，而不是采用强买强卖的逻辑。 最终我们呈现出的会场氛围，一定是有高级感的、冷静的，而不是一群人在那儿跟着音乐"群魔乱舞"，充斥着"鸡血"和口号。

写在最后　每个人都需要一场精彩的销讲

每个人都是一款产品

毫不夸张地说，一场销售演讲，不仅是帮助自己出圈最快的方法，还是一条获得周边宣传公信力、影响力，并且让别人觉得你在成长的最快速的通道。

看完这本书，相信你已经理解了销讲的核心——销讲六段式，它是从上百个商业培训场、品牌招商场、会销卖货场中提炼出来的，也是我完成所有千万级，甚至破亿级的销讲的底层逻辑。

接下来，尝试着把销讲植入自己的能力体系！

首先，我不支持盲目地做销售演讲。你要先明确自己销讲的目的是什么，比如，获得机会、卖货，或是得到一个岗位。然后，围绕这个目的打造自己的人设和填充与之匹配的内容。

请尝试把自己当成一款产品，照着销讲六段式来填充内容，有些地方你可能暂时没法填写，但这个思考的过程，足以让你有所收获。你会发现，销讲六段式不仅能拿来卖货、招商和融资，还能拿来"卖"自己，同时还能帮你梳理未来需要弥补哪些方面的空缺。

当你照着销讲六段式的框架补充完内容，你就能掌握三成。剩下的七成，我必须承认，我无法通过文字来传授给你。这七成需要通过真正的实战来体悟，必须来自舞台、来自会场、来自主讲老师跟现场客户之间，那些微妙的思想碰撞、你来我往的情绪流动。

看一百遍战术攻略，不如亲自上一次战场。**你必须作为会场中的一员，看看什么是真正的理性成交，调动你的感官，沉浸式地去体验，你会不自觉地学习、模仿，甚至在脑海中反复地想象自己站上舞台的模样。**

这本书中提到的所有销讲方法和内容，我都会在线下的销讲课堂中，带着大家一字一句地训练。你遇到的任何卡点，都会有师兄师姐为你解答，他们跟着我学习了短则1年长则7年的时间。你要知道，他们带着销讲的能力回到自己的企业，不仅卖货能力提高了，而且放大了自身及公司的品牌影响力！

如果你能来到我的线下课，当面聆听我的分享，你会发现，框架还是这个框架，但我跟你再讲述一遍，你能感受到框架背后的体感和力量。我也会和你分享持续的训练方法，不需要持之以恒，或许投入3天时间，你就能为自己的改变而兴奋。你将有力地一对多展示出你的与众不同，让别人更快地看到你。

不仅IP需要销售演讲，普通人也一样需要。想获得更多的机会，就一定要比周边的人更强、更快露头，任何机会、资源、人脉，都可以从销售演讲得到。

你不一定要成为14亿人口中顶流的IP，只要比周围那100个人强，就能活得比别人更好。

写在最后　每个人都需要一场精彩的销讲

展望销讲未来

按照眼下的趋势，超级个体会越来越多。

以前，是组织化、品牌化、平台化；未来，一定更注重单兵能力，是个人 IP 能力化，企业价值个人凸显化。

与之相应地，未来的销售演讲一定会个人化，不懂销售演讲的 IP 获取不到流量，不懂销售演讲的老板获取不到资源，不懂销售演讲的个人获取不到结果。

看完这本书后，**我真的期待每个人都能把自己真正的优势和能力释放出来，做一个有使命感、有正向价值观、有产品追求、有长久品牌价值的个人。**把自己当成一个品牌长期地运营，每年都不停地更新，不停地开发布会。

值得开心的是，我国已经拥有自己与众不同的销讲体系，拥有非常强大的自媒体体系，这些能力应该"出海"。

最后，我还有一个心愿，就是希望国内的企业家通过学习销讲的内容，知道怎么策划一个更好的品牌，让中国的品牌走向世界。中国人这么聪明，这么勤奋，中国的销讲，必定会给世界带来一次巨大冲击！

周宇霖

2024 年 7 月 8 日